FAMILIE VEIT AUS FREIBURG

JÜDISCHE MINIATUREN
Herausgegeben von Hermann Simon

BAND 331 FAMILIE VEIT AUS FREIBURG

Alle „Jüdische Miniaturen" sind auch im Abonnement beim Verlag erhältlich.

Die Deutsche Nationalbibliothek verzeichnet diese Publikation in der Deutschen Nationalbibliografie; detaillierte Daten sind im Internet über https://portal.dnb.de/ abrufbar.

Inh. Dr. Nora Pester
Capa-Haus, Jahnallee 61
04177 Leipzig
info@hentrichhentrich.de
www.hentrichhentrich.de

Lektorat: Philipp Hartmann
Gestaltung: Michaela Weber
Druck: Winterwork, Borsdorf

1. Auflage 2024

Printed in Germany
ISBN 978-3-95565-688-1

SABINE HERRLE

FAMILIE VEIT AUS FREIBURG

„SO HÄNGT MAN HALT AN SEINER HEIMAT ...“

Umschlag vorn: Die Familie Veit im Jahr 1932. Hinten (v. l.): Emmi, Georg und Otti Veit. Vorn (v. l.): Berthold Veit, seine Ehefrau Hilda Veit geb. Günzburger und Karl Veit.
Das Zitat auf der Titelseite „So hängt man halt an seiner Heimat" stammt aus dem Brief von Berthold Veit an den Freiburger Oberbürgermeister Hoffmann vom 16. September 1948, S. 1 (StadtAF D.Li Nr. 250).

Dieses Buch entstand in Zusammenarbeit mit der Moses Mendelssohn Stiftung in Berlin.

Inhalt

Grußwort

Das Unrecht, das während des Schreckensregimes der Nationalsozialisten begangen wurde, hat bis heute sichtbare Spuren hinterlassen. Auch in Freiburg sind die Folgen der menschenverachtenden Diktatur nach wie vor zu sehen. Der Platz der Alten Synagoge erinnert an das in der Pogromnacht vom 9. November 1938 von SS-Leuten in Brand gesetzte und kurz darauf vollständig zerstörte frühere jüdische Gotteshaus. Dort erinnert auch ein Schild an die Deportation der mindestens 370 als jüdisch verfolgten Freiburgerinnen und Freiburger, die ins südfranzösische Lager Gurs deportiert wurden. Zahlreiche Stolpersteine, die durch die Freiburger Stolperstein-Initiative verlegt wurden, machen die Leerstellen sichtbar, die die vertriebenen, verschleppten und ermordeten Menschen bis heute hinterlassen.
Ein erschütterndes Beispiel für die Verfolgung und Entrechtung von jüdischen Einwohnerinnen und Einwohnern gibt das vorliegende Buch aus der Reihe „Jüdische Miniaturen". Im Jahr 1920 war die Familie Veit nach Freiburg gezogen und betrieb hier ein Sägewerk, die sogenannte Liebigsäge. Aufgrund der antisemitischen Ausschluss- und Enteignungspolitik wurde das Unternehmen 1936 von der Vergabe öffentlicher Aufträge ausgeschlossen. Bereits 1935

hatte der damalige nationalsozialistische Bürgermeister Kerber Holzlieferungen aus den städtischen Forsten untersagt. Daher sahen sich die Inhaber gezwungen, das Werk – weit unter Wert – an die Stadt zu verkaufen. Als der Terror, die massiven Bedrohungen und Misshandlungen immer weiter zunahmen, gelang der Familie die Flucht nach London und Brasilien.
Es ist besonders erschütternd zu sehen, dass auch in zahlreichen juristischen Verfahren der Nachkriegszeit die Opfer der Shoa kaum angemessen entschädigt wurden. Das zeigt sehr eindrücklich das vergebliche Bemühen der Familie Veit um eine Entschädigung für ein Wohnhaus in der damaligen Bahnhofstraße.
Ich bin allen Beteiligten sehr dankbar für die Realisierung dieses Bandes, der uns am Beispiel der Familie Veit und ihres Schicksals die menschenverachtende Brutalität der nationalsozialistischen Diktatur vor Augen führt. Insbesondere danke ich den Nachkommen für die Initiative zu diesem Buch und das damit verbundene große Engagement, der Historikerin und Autorin Sabine Herrle für ihre Arbeit und Archivrecherchen sowie dem Verlag für seinen Einsatz für die Publikation.

Martin W. W. Horn
Oberbürgermeister der Stadt Freiburg

Familie Veit

„Meine Familie ist nun quasi auch ein Voelkerbund im Kleinen – Georg & Emmi sind Englaender – Otti Australierin – Karl seit Kurzem Brasilianer & wir beide, ich muss sagen leider, noch Deutsche, die wir wohl auch bleiben werden.“[1]

Dies schrieb Berthold Veit, seit 1939 in São Paulo, vorher in Freiburg, 1948 an den Freiburger OB Hoffmann. Georg, Emmi, Otti und Karl sind die Kinder, „wir beide“, das sind er selbst und seine Frau Hilda Veit geb. Günzburger.[2] Seit Generationen waren die Familien Veit und Günzburger im südlichen Baden[3] ansässig. Nur sechs Jahre NS-Diktatur reichten aus, um die Familie zu vertreiben; vorangegangen waren Entrechtung und Ausplünderung. Wie dies im Einzelnen geschah, soll dieses Buch sichtbar machen, auch um die Veits – eine scheinbar spurlos verschwundene Familie – ein Stück weit dem Vergessen zu entreißen. Eine Quelle von unschätzbarem Wert erleichtert dies, nämlich das von Nachfahren für Nachfahren[4] (welche heute über den Globus verstreut leben) privat herausgegebene Buch „Familie Veit / The Veit Family“.[5] Es handelt sich überwiegend um eine Zusammenstellung von Selbstzeugnissen verschiedener Familienmitglieder. So haben die Betroffenen noch Jahrzehnte später eine Stimme, sie sprechen direkt zu uns. Wichtige Informationen finden sich weiter in Andrea Brucher-Lembachs Dissertation zum Thema „Arisierung“ in Freiburg.[6] Spuren der Familie finden sich auch in Archiven: so im Stadtarchiv Freiburg (StadtAF), im Staatsarchiv Freiburg (StAF), einer Zweigstelle des Generallandesarchivs Karlsruhe, und in den Arolsen Archives.

Der Staat Baden galt im 19. Jahrhundert als Musterland des Liberalismus. So wurde die rechtliche Gleichstellung der Juden vergleichsweise früh eingeleitet, 1809, mit dem 9. Konstitutionsedikt[7]; seit 1862 galt für sie Freizügigkeit.[8] Von großer Bedeutung für die Integration der jüdischen Bevölkerung war eine badische Besonderheit: 1876 wurde die obligatorische Simultanschule eingeführt, was bedeutete, dass evangelische, katholische und jüdische Kinder gemeinsam zur Schule gingen. Lediglich der Religionsunterricht erfolgte getrennt nach Konfessionen.

Das katholisch geprägte Freiburg hatte um 1930 knapp 100 000 Einwohner, darunter ca. 1100 Juden. Es gab und gibt wenig Industrie in Freiburg, allenfalls vergleichsweise kleine Betriebe. Prägend für die Wirtschaft waren die Wälder der Umgebung (die Stadt Freiburg besaß und besitzt erhebliche Waldflächen) sowie das bäuerliche Umland. Verwaltung, Schulen, die Universität und Hochschulen sowie der

Tourismus waren und sind weitere wichtige Standortfaktoren.
Berthold Veit und Hilda Günzburger wurden beide 20 Kilometer nördlich, in Emmendingen, geboren (1884 bzw. 1889). Die beiden heirateten 1908. In Emmendingen brachte Hilda Veit auch die vier Kinder zur Welt.

Abb. 1: Hilda Veit geb. Günzburger und Berthold Veit 1914
mit Georg und Karl sowie Emmi und Otti

Berthold arbeitete in der Ende des 19. Jahrhunderts von seinem Vater Simon Veit[9] in Emmendingen gegründeten Holzhandlung, die einen sehr guten Ruf

Abb. 2: Sägewerk Veit (Liebigsäge), ca. 1935

hatte und rasch expandierte. 1920 errichteten Simon und Berthold Veit in der Liebigstraße in einem neu erschlossenen Industriebezirk im Norden der Stadt Freiburg ein modernes Sägewerk, das über einen Bahnanschluss verfügte: die Liebigsäge.

In der Firma war Berthold zuständig für Ein- und Verkauf: „Im Winter ging er zu den Versteigerungen in den meist kommunalen Wäldern Südbadens; später kaufte er Laubhölzer in Oberschlesien, Pommern und der Tschechoslowakei. Verkauft wurde an lokale Verbraucher und an Industriebetriebe (Waggonfabriken,

Abb. 3: Haus Eisenbahnstraße 68 (zwischen 1935 und 1945 Hausnummer 4), 1930. Seit 1920 wohnte Familie Veit hier, auch das „Stadtbüro" des Sägewerks befand sich in diesem Gebäude.

Maschinenfabriken und Automobilwerke); es wurde auch viel in die Schweiz exportiert, vorübergehend auch nach Holland."[10] Berthold Veit war Mitglied im Verein der Holzinteressenten Südwestdeutschlands, wurde in den Vorstand gewählt, auf internationale Konferenzen delegiert.[11] Aus einem Dokument des Oberfinanzpräsidiums von Baden wissen wir, dass er Mitglied der Deutschen Staatspartei war.[12]

Familie Veit zog 1920 nach Freiburg, in ein großzügiges Haus in der Eisenbahnstraße.

Abb. 4: Karl, Otti, Georg und Emmi Veit (1929)

Rückwärtig befand sich ein Garten mit Obstbäumen, Hilda Veit züchtete hier Rosen. Sie war der Mittelpunkt des Familienlebens, eine ausgezeichnete Köchin. Großer Wert wurde auf Bildung gelegt: Alle Kinder besuchten das Gymnasium. In der Familie Veit wurde viel musiziert. Berthold Veit, Sohn Karl und Tochter Emmi spielten Klavier, Sohn Georg Geige, Tochter Otti seit ihrem siebten Lebensjahr Cello. Vater

Abb. 5: Hilda geb. Günzburger und Berthold Veit (1933)

Berthold nahm die Kinder mit in die Wälder der Umgebung – so wurde die Liebe zur Natur gefördert (und sie lernten Baumarten kennen); die Söhne mussten im Familienunternehmen mithelfen. Mit der Mutter gingen die Töchter samstags auf den Markt auf dem Münsterplatz, an den Samstagnachmittagen besuchte die gesamte Familie die Großeltern in Emmendingen.[13]

Abb. 6: Drei Generationen „Holzwürmer" –
Karl, Simon und Berthold Veit (1934)

Ein erfolgreicher Unternehmer, sozialer Aufstieg, ein normales Familienleben ...

Das Veit'sche Sägewerk überstand die Weltwirtschaftskrise. Aufgrund der schlechten finanziellen Lage war es aber nicht möglich, dass Karl studierte, Georg musste sein bereits begonnenes Jurastudium abbrechen. Beide Söhne – als echte Veit'sche „Holzwürmer" – arbeiteten ab jetzt in der Holzbranche.

Entrechtung und Ausplünderung

Freiburg war keine Hochburg der Nazis; stärkste politische Kraft war bis 1932 das Zentrum, die NSDAP blieb unter dem Landesdurchschnitt. Erst in den nicht mehr freien Reichstagswahlen vom März 1933 schaffte sie mit 35,8 Prozent in Freiburg den Sprung nach vorn. Dieses Wahlergebnis lag zwar rund zehn Prozent unter dem badischen Resultat der Partei[14], was jedoch nichts an der zügigen Gleichschaltung von Stadtregierung und -verwaltung änderte.

Abb. 7: Hissung der Hakenkreuzfahne auf dem Freiburger Rathaus, 6. März 1933 (li. die Fahne der Stadt Freiburg, re. die Badens)

Mit Franz Kerber wurde ein fanatischer Nationalsozialist als Oberbürgermeister eingesetzt[15]; unter Gauleiter Robert Wagner[16] entwickelte sich das vormals liberale Musterland Baden in zweierlei Hinsicht – der „Arisierung“ sowie der Deportationen – zu einem Mustergau in nationalsozialistischem Sinne.

Abb. 8: Freiburgs Oberbürgermeister Franz Kerber und Gauleiter Robert Wagner

Seit der Errichtung der NS-Diktatur war die Situation jüdischer Geschäftsleute durch Boykottaktionen sowie eine zunehmende Willkür und Rechtlosigkeit gekennzeichnet. Wie es in vielen anderen Städten der Fall war, eilte die antisemitische Politik der Stadtverwaltung in Freiburg den Maßnahmen auf Reichsebene oft voraus.[17] Für die Firma Veit wurde die Situation ab 1934 bedrohlich eng, auch wenn die Boykottaktion vom April 1933 sich in erster Linie gegen kleine und mittlere Betriebe sowie Freiberufler gerichtet hatte. Nach den Nürnberger Gesetzen von 1935 galten alle Mitglieder der Familie Veit als „Volljuden". Somit waren sie keine Reichsbürger mehr, sondern Bürger zweiter Klasse, sogenannte Staatsangehörige. Da Berthold Veit „Nichtarier" war, wurde die Liebigsäge 1936 auf Anordnung von OB Kerber von der Vergabe öffentlicher Aufträge ausgeschlossen. Außerdem durfte kein Holz aus dem Stadtwald an die Liebigsäge geliefert werden.[18]

Die „Arisierung" der Wirtschaft, ein legalisierter Raubzug gigantischen Ausmaßes, setzte bereits ab dem Sommer 1933 ein, wenngleich Verkäufe von Immobilien oder Firmen zu diesem frühen Zeitpunkt als eine reine Privatsache zwischen Käufer und Verkäufer erschienen. Da sie offiziell weder von einer staatlichen noch einer parteilichen Instanz kontrolliert wurden, spricht man für diese Zeit von einer schleichenden „Arisierung". Es konnte also theoretisch durchaus zu fairen Verträgen kommen; dies hing jedoch allein vom Käufer ab und stellte die Ausnahme dar. Ohne Zweifel stand in jedem einzelnen Fall der jüdische Vertragspartner unter einem enormen Druck.[19]

Berthold Veit und seine Familie erkannten früh, dass sie auswandern mussten. Auswandern bedeutete, unter den Bedingungen der ständig sich verschärfenden Entrechtung und Verfolgung das Sägewerk und die zwei Liegenschaften zu verkaufen, um die Auswanderung zu finanzieren sowie einen Grundstock für das Leben im Exil zu haben.

Am 8. Dezember 1936 verkaufte Berthold Veit die Liebigsäge (einschließlich der Grundstücke, der Gebäude sowie des Gleisanschlusses) an die Stadt Freiburg.[20] Hören wir, wie er seine geschäftliche Situation zu der Zeit des Verkaufs schilderte:

„[...] war es einem praktisch unmöglich gemacht, als Jude auf Reisen zu gehen. Bei Geschäftsbesuchen zeigten einem die Einkäufer ihre Parteiabzeichen und erklärten, bei Juden nicht mehr kaufen zu dürfen. [...] welch große Erniedrigung und Demütigung es für mich bedeutete, bei Firmen, mit denen ich in jahrzehntelanger geschäftlicher Verbindung stand, hören zu müssen: ‚Herr Veit, wir dürfen nicht mehr von Ihnen kaufen.' [...] Ich konnte nicht mehr wagen, auf die Dörfer zu öffentlichen Holzversteigerungen zu gehen, die Forsteien und Gemeinden folgten den staatl. Maßnahmen, und so war mir, sowohl von der

Einkaufs- wie auch Verkaufsseite aus, die Fortführung des Betriebes unmöglich gemacht."[21]

Für die Stadt Freiburg war die – von ihr mit verursachte – Notlage von Berthold Veit eine echte Chance: Die bisherige städtische Säge, die Dreikönigsäge, lag ungünstig, eingeklemmt zwischen dem Flüsschen Dreisam und der Schwarzwaldstraße, einer bis heute wichtigen Ausfallstraße (damals Reichsstraße 31, heute B 31), sowie in der Nähe von Wohnbebauung; die Holztransporte stellten ein Verkehrshindernis dar, es hagelte Beschwerden. Die Veit'sche Liebigsäge lag jedoch in einem neu erschlossenen Industriegebiet im Norden der Stadt und verfügte über einen Gleisanschluss. 135 000 RM zahlte die Stadt für die Liebigsäge, also für die Grundstücke, Gleisanlagen, mehrere Gebäude, Maschinen – nicht nur laut Berthold Veit ein Schleuderpreis. Er hatte den Wert des Sägewerks auf 300 000 RM veranschlagt. Seine Einschätzung sollte sich in den Restitutionsverhandlungen bestätigen. 130 000 RM der Summe benötigte er, um die Hypotheken zu löschen.[22]

Viele „arische Volksgenossen" versuchten nach Kräften, die Notlage der Juden – ehemaliger Nachbarn, Kollegen, Arbeitgeber, kurz: oft bekannter Gesichter – auszunutzen. So hatte Berthold Veit große Mühe, seine beiden Wohnhäuser, sehr zentral in Bahnhofsnähe gelegen und rückwärtig über Gärten verbunden,

zu verkaufen. „Da durch den Boykott & die gesetzlich getroffenen Beschraenkungen der juedischen Betriebe meine Lage immer schwieriger wurde – und jeder Mann wusste, dass die Juden auswandern mussten & so gezwungen waren, ihr Hab & Gut um jeden Preis zu verschleudern, hielt sich jeder zurueck vom Kauf juedischer Liegenschaften, besonders auch mit Ruecksicht auf die erlassenen Gesetze, wonach Arier jued. Eigentum nur zu ganz billigen Preisen erwerben durften. Aus diesem Grund war es mir unmoeglich gemacht, all die Jahre hindurch meine Grundstuecke und Haeuser [...] abzustossen. Alle Freiburger Agenten [gemeint sind Makler, d. Verf.] waren von mir fuer den Verkauf beauftragt – hohnlaechelnd kamen sie hin & wieder um zu sagen, es sei ein Kaeufer da, aber er biete fast nichts – oder es sei z. Zt. schwer, jued. Eigentum abzustossen etc. [...].“[23]
Am 26. April 1938 wurde die „Verordnung über die Anmeldung des Vermögens von Juden“ erlassen. Diese Bestimmung verlangte von allen jüdischen Deutschen die Anmeldung ihres in- und ausländischen Vermögens, wenn dessen Gesamtwert mehr als 5000 RM betrug. Bei falschen Angaben drohten Geldstrafen, Haftstrafen bis zu zehn Jahren Zuchthaus sowie Vermögenseinzug. Aufgrund dieser Angaben wurde nach den Novemberpogromen auch die Höhe der Judenvermögensabgabe festgesetzt.

Die Pogromnacht

„Nun war uns wirklich klar, dass wir weg mussten!" (Emmi Veit)[24]

Auch in Freiburg wurde in der Pogromnacht die Synagoge in Brand gesetzt. Im Laufe der Nacht wurden in der Stadt und ihrer unmittelbaren Umgebung 137 jüdische Männer verhaftet, viele von ihnen brutal misshandelt. Die Nacht mussten sie im Kornhaus am Münsterplatz verbringen, bevor sie ins Gefängnis eingeliefert und am folgenden Tag nach Dachau verschleppt wurden. Unter diesen Männern befand sich Berthold Veit. Die ca. 1,5 Kilometer vom Gefängnis zum Hauptbahnhof mussten die Männer zu Fuß zurücklegen – Max Eisenmann aus der Colombistraße 11, ein Leidensgenosse, berichtete von johlenden „arischen" Freiburgern, die die Männer in der Kolonne verhöhnten.[25] Am 14. November 1938 durfte Berthold Veit seiner Frau zum ersten Mal schreiben: „Bin in Dachau und gesund. Meine Adresse ist Berthold Veit, geboren 28.03.84, Dachau 3 K, Block 10, Stube 1. Wenn Du es entbehren kannst, darfst Du mir wöchentlich RM 15,00 schicken."[26]

Berthold Veit war noch in Haft, als am 21. November 1938 eine Verordnung erlassen wurde, welche die Judenvermögensabgabe festlegte: 20 Prozent des

Vermögens waren in vier Raten bis zum Sommer 1939 zu zahlen.[27] Zu diesem Zeitpunkt war sein Unternehmen bereits „arisiert". Die Wohnhäuser in der Eisenbahnstraße und in der Bahnhofstraße[28] mussten jedoch noch verkauft werden. Umgezogen waren Berthold und Hilda Veit bereits: Seit April 1938 bewohnten sie eine Mietwohnung in der Urachstraße 53, 2. OG.

Das Mobiliar aus der Eisenbahnstraße (bis auf Wohn- und Schlafzimmer) hatten sie für einen Bruchteil seines Wertes versteigern lassen müssen, 800 RM wurden erlöst. Wieder mussten sie die Erfahrung machen, dass ihre „arischen" Landsleute ihre Notlage weidlich ausnutzten. Zutage kam eine weitverbreitete „Schnäppchenmentalität" unter der stillschweigenden Annahme, dass man sich nie hierfür rechtfertigen müsse, da die Eigentümer ja nie zurückkehren würden.[29]

Hilda Veit, eine starke Frau, versuchte, ihren Ehemann aus Dachau freizubekommen – dazu benötigte sie eine Bestätigung der Einreisegenehmigung nach Großbritannien. Am 19. November 1938 schrieb sie an die Gestapo in Karlsruhe: „[…] bitte […] die baldigste Entlassung meines Mannes zu veranlassen, damit alle Formalitäten der Auswanderung unverzüglich erledigt werden können."[30] Am 9. Dezember 1938 kam die erlösende Nachricht vom Britischen Konsulat, dass

Abb. 9: Urachstraße 53: die letzte Freiburger Adresse von Berthold Veit und Hilda geb. Günzburger

Visa erteilt würden sowie die Pässe vorlägen.[31] Am 20. Dezember 1938 kam Berthold Veit krank zurück nach Hause[32] – durch die wochenlangen Quälereien in Dachau hatte er sich einen Leistenbruch zugezogen, der operiert werden musste. Er erzählte seiner Familie von den „Gräueltaten, den Misshandlungen der Häftlinge“.[33]

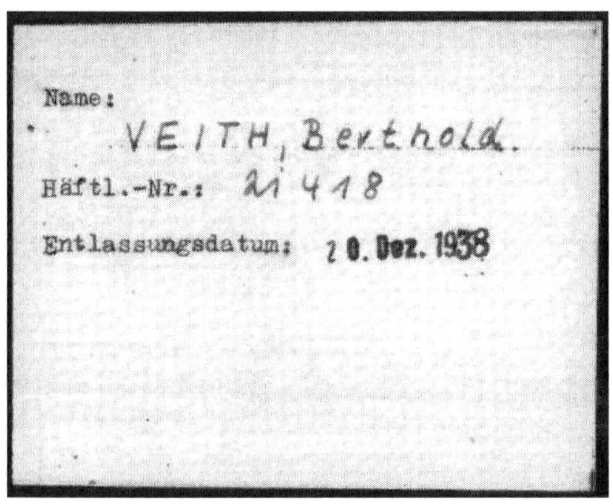
Name:
VEITH, Berthold.
Häftl.-Nr.: 21418
Entlassungsdatum: 10. Dez. 1938

Abb. 10: Karteikarte aus dem KZ Dachau mit Datum der Entlassung

„Bei der Entlassung aus Dachau wurde mir aber ausdruecklich eroeffnet, dass ich in allerkuerzester Frist auszuwandern habe, widrigenfalls meine Frau & ich wieder verhaftet & diesmal dann fuer immer ins K.Z. gebracht wuerden. Ich hatte daher keine Zeit zu verlieren, wenn ich unser Leben retten wollte & suchte mich meiner ausserordentlich wertvollen, an zwei

Strassen am Bahnhof gelegenen und mit einander verbundenen Liegenschaften zu entledigen."[34]

Drei Monate können sehr kurz sein. Pässe mussten beantragt werden.[35] Diese gab es nicht ohne die sogenannte Unbedenklichkeitserklärung.[36] Wegen der Frist von drei Monaten musste Berthold Veit umgerechnet 3000 RM allein dafür bezahlen, dass er auf der Warteliste für ein Dauervisum nach Brasilien nach vorn rutschte. Das Reich verlangte eine Umzugsabgabe von 760 RM, hinzu kamen Frachtkosten von 1700 RM sowie Reisekosten von 5000 RM. Berthold Veit, bis vor Kurzem noch ein wohlhabender Unternehmer, musste sich das Geld bei seinem Schwager Ernst Günzburger aus New York leihen.[37]

Gemäß der „Verordnung über den Einsatz jüdischen Vermögens" vom 3. Dezember 1938 waren Grundstücksverkäufe „nichtarischer" Deutscher prinzipiell genehmigungspflichtig, dem Reich wurde ein Vorkaufsrecht eingeräumt.[38] Am 13. Dezember 1938, also einige Tage später, schrieb Freiburgs Oberbürgermeister Kerber an das Badische Wirtschafts- und Finanzministerium in Karlsruhe, die zuständige Instanz: „[...] würde ich es im öffentlichen Interesse begrüssen, wenn bei einem etwaigen Verkauf nachstehend genannter Grundstücke vor Erteilung der Genehmigung der Stadt Gelegenheit gegeben würde, sich darüber zu äussern, ob sie an den betreffenden

Grundstücken ein solches Interesse hat, dass sie selbst als Käufer auftritt und daher die Genehmigung zu dem vorliegenden Kaufvertrag zu verweigern wäre."[39] Es folgte eine Liste von Liegenschaften, darunter auch die beiden von Berthold Veit. Bereits vier Tage später erhielt Kerber eine positive Antwort aus Karlsruhe.[40]

Zuerst zum Anwesen in der Eisenbahnstraße: Schon am 31. Dezember 1937 hatte Berthold Veit ein Verkaufsangebot für 43 000 RM an den Grundstücksmakler Otto Zorn gerichtet. Der Preis beinhaltete die Übernahme der Hypotheken; die restlichen 15 000 RM sollten in jährlichen Raten von 1000 RM an Berthold Veit (bzw. auf ein Sperrkonto) gehen. Erst nach Zahlung dieser 15 000 RM sollte der Vertrag als angenommen gelten.[41] Zum Abschluss des Vertrages kam es aber erst am 24. Juli 1939, also nachdem Berthold und Hilda Veit das Land bereits verlassen hatten, mit dem wesentlichen Unterschied, dass das Eigentum sofort von Berthold Veit auf Otto Zorn überging, also nicht erst nach Bezahlung der 15 000 RM.[42] Interessanterweise wurde dieser Vertrag unter geringen Auflagen baulicher Art wie dem Streichen der Fassade unter dem Betreff „Grundstücksentjudung" genehmigt (von der Polizeibehörde und der Polizeidirektion in Freiburg sowie vom Oberfinanzpräsidenten Badens in Karlsruhe).[43] Am 23. März 1939, einen

Tag vor ihrer Ausreise, hatten Berthold und Hilda Veit eine Generalvollmacht sämtliche Rechtsgeschäfte betreffend an Simon Veit aus Emmendingen, Bertholds Vater, ausgestellt, welche auch über ihren Tod hinaus gelten sollte.[44] Es war denn auch Simon Veit, dessen Unterschrift unter dem Vertrag stand.

Das Anwesen Bahnhofstraße 8 verkaufte Berthold Veit am 28. Dezember 1938 an Eugen Groß und dessen Ehefrau Maria geb. Singler. Eugen Groß war bereits länger Mieter und betrieb im Hinterhaus einen Fahrzeugverleih, das Vorderhaus war unbewohnt. Man einigte sich auf einen Kaufpreis von 90 000 RM; die Käufer übernahmen die Hypotheken in Höhe von 70 000 RM.[45] Die Restbeträge sollten von den jeweiligen Käufern in genau bezeichneten Raten an das Finanzamt Freiburg gezahlt werden – nur so gelangte Berthold Veit an die vor der Auswanderung verlangte, bereits erwähnte sogenannte Unbedenklichkeitserklärung, welche es Juden erst ermöglichte, das Land legal zu verlassen.[46] Die letzten Raten wären 1943 fällig geworden.[47] Bis dahin sollten die Eheleute Groß zur Miete in dem Gebäude wohnen, das Eigentum also wieder erst nach Bezahlung der letzten Rate bzw. der gesamten Summe auf die Käufer übergehen.[48]

Weiter musste Berthold Veit noch den Eintrag seines bereits verkauften Sägewerks im Handelsregister löschen. Das Amtsgericht Freiburg ließ ihn am

26. November 1938 auf den 1. Dezember 1938 einbestellen, um dies zu „klären“. Mit dem Betreff „Handelsregister“ schrieb Hilda Veit am 30. November 1938 an das Amtsgericht: „Da mein Mann seit 10./11. d. M. sich in Schutzhaft befindet, kann er nicht erscheinen.“[49] Im Januar 1939 löschte Berthold Veit gezwungenermaßen den Eintrag; seine Firma bestand nun auch rechtlich nicht mehr.[50]

Als Berthold und Hilda Veit am 23. März 1939 schließlich Deutschland verlassen konnten und über London nach Brasilien entkamen, blieben Berthold Veit ganze 3000 RM. Er musste sich Geld leihen und war über Jahre finanziell von seinem Sohn Karl abhängig.[51] „Und so kamen wir in letzter Stunde aus unserer Heimat noch heraus, arm und ohne Mittel – aber der Staat & die Stadt hatten ihr Geld.“[52] Ihnen blieb jedoch die Deportation der badischen Juden am 22. Oktober 1940 nach Gurs erspart, die Bertholds Vater Simon Veit sowie Tante Henriette „Ninette“ Pickard geb. Günzburger nicht überleben sollten.[53]

Vergeblich hatte Berthold Veit versucht, seinen Vater zum Auswandern zu bewegen. „Auch nach Zerstörung seines Lebenswerkes, der Synagoge, und der Schändung der Gräber seiner Vorfahren […] und seiner Ehefrau […] wollte er dem Drängen seines Sohnes nicht nachgeben, Deutschland zu verlassen. Er konnte sich nicht vorstellen, dass ihm, dem so hoch

Abb. 11: Das Lager Gurs im südfranzösischen Département Pyrénées-Atlantiques (1942)

geachteten Bürger und Wohltäter, in der angestammten Heimat ein Leid geschehen könne."[54] Ab dem 22. Oktober 1940, dem Tag der Deportation der badischen und saarpfälzischen Juden, war es zu spät, auch wenn ein reichsweites Ausreiseverbot für jüdische Deutsche erst ab dem 18. Oktober 1941 galt.[55]
Profiteure der Ausplünderung der Familie Veit waren im Falle der Liebigsäge direkt die Kommune, also die Stadt Freiburg, im Falle der Liegenschaft Bahnhofstraße 8 zuerst „arische" Deutsche, dann das Reich.

Abb. 12, 13: Gedenksteine auf dem Deportiertenfriedhof Gurs: Simon Veit, Henriette „Ninnette“ Pickard geb. Günzburger

In den Worten der Historikerin Christiane Fritsche: „[…] ‚Arisierung‘ und Ausplünderung der Juden waren kein von oben aufoktroyierter Prozess, der im fernen Berlin von der Reichsregierung beschlossen wurde, sondern ‚Arisierung‘ wurde vor Ort […] von den Beamten und städtischen Angestellten und von normalen Deutschen getragen und vorangetrieben. Vor allem aber war ‚Arisierung‘ nichts, was sich hinter den Kulissen, geheim und im Verborgenen abspielte.“[56]

Als Berthold und Hilda Veit nach Brasilien kamen, wo sie bei ihrem Sohn Karl lebten, waren beide über 50 Jahre alt. Portugiesisch sprachen sie nicht. 1939 war Brasilien neutral, tendierte politisch aber zur Unterstützung der Achsenmächte (Deutschland, Italien, Japan). Getúlio Vargas regierte das Land diktatorisch, und es gab intensive Handelsbeziehungen zum Deutschen Reich. Für Flüchtlinge aus Deutschland bedeutete diese Konstellation die dauernde Furcht vor einer Ausweisung nach Deutschland – dies sollte sich erst nach dem Überfall auf Pearl Harbor (7. Dezember 1941) und dem Kriegseintritt der USA und Brasiliens an ihrer Seite am 22. August 1942 ändern. Die Veits (und zahllose weitere Flüchtlinge) waren nun aber – als Bürger eines Staates der Achse – zu „nicht erwünschten Ausländern" mutiert. Dies bedeutete Kontrollen und Schikanen jeder Art, wie Einschränkung der Freizügigkeit, scharfe Überprüfung der Finanzen bis zu Beschlagnahmungen. In der Öffentlichkeit Deutsch zu sprechen, konnte zu Belästigungen führen.[57]

„Die Erlebnisse der vergangenen Jahre gingen nicht spurlos an den beiden vorüber; es brauchte viel Zeit, bis sie wieder ein gewisses Gleichgewicht fanden. Die Omi litt besonders darunter, dass die anderen Kinder und ihre Freunde in weiter Ferne wohnten; der Opa sollte die Demütigungen nie ganz verwinden. Viel hatten sie aufgeben müssen, Heimat, Beruf", so erinnerte sich Schwiegertochter Hilda Veit geb. Welte.[58] Aber sie ließen sich nicht unterkriegen: Hilda Veit geb. Günzburger übernahm bald die Küche, Berthold betreute nach und nach Karls Deutsch sprechende Kunden, und beide waren begeisterte Großeltern.

Abb. 14: Hilda Veit geb. Günzburger mit Enkelin Renata, 1942

Abb. 15: Berthold Veit mit Enkeltöchtern Silvia und Renata, 1943

Die erzwungene Emigration der Kinder

„Wir waren erzogen worden als Deutsche. Unsere Schulbildung hatte uns mit deutscher Literatur durchdrungen. Plötzlich waren wir mit der Idee konfrontiert, dass wir Fremde in unserem eigenen Land waren." (Emmi Veit)[59]

Alle Kinder von Berthold und Hilda Veit überlebten – durch die erzwungene Emigration. Sie mussten unterschiedlichste Schwierigkeiten meistern, unter anderem dass sie, nachdem Deutschland den Zweiten Weltkrieg begonnen hatte, in den jeweiligen Ländern des Exils als „feindliche Ausländer" eingestuft wurden. Dies sollte insbesondere Georg erfahren. Wie die Veit-Kinder jeweils emigrieren konnten und wie es ihnen in der Fremde erging, wird im Folgenden kurz dargestellt. Hierbei wird nicht chronologisch vorgegangen – den Anfang macht Karl, der nach Brasilien emigrierte, um dort wieder in der Holzbranche tätig zu sein und der seine Eltern Berthold und Hilda Veit aufnahm. Otti, Emmi und Georg Veit, welche nach Großbritannien flohen, folgen.

Karl Veit machte 1928 Abitur und wollte eigentlich Medizin studieren, was aus finanziellen Gründen nicht möglich war. Für eineinhalb Jahre arbeitete er als Volontär in verschiedenen Holzwerken in

Schlesien, Bremen und Pommern, bevor er in den Familienbetrieb in Freiburg einstieg. Seine große Liebe war die katholische Hilda Welte (geb. 1907), welche er während der Schulzeit kennengelernt hatte. Hilda begann in Freiburg Neue Sprachen zu studieren, machte 1934 ihr erstes Staatsexamen und anschließend das Referendariat. Da sie als „politisch unzuverlässig“ galt, erhielt sie keine Stelle als Lehrerin und arbeitete als Hauslehrerin im Schwarzwald. Schon vor den Nürnberger Gesetzen von 1935 war beiden klar, dass ihre Beziehung in Deutschland keine Zukunft haben würde.

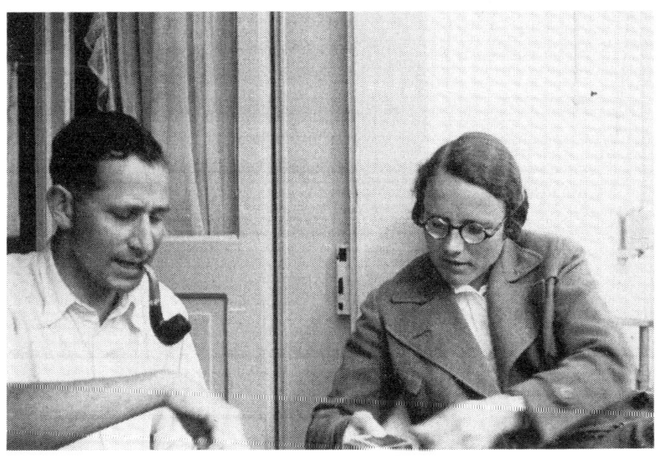

Abb. 16: Karl Veit und Hilda Welte (1935)

Ab 1935 waren „gemischte Ehen“ verboten, die sogenannte Rassenschande ein Straftatbestand. „So kam bald der Tag, an dem Karl und ich einsehen mussten, dass wir unsere Zukunftspläne radikal zu ändern hätten. Wir mussten nach einer Möglichkeit suchen für ein Leben außerhalb Deutschlands. Da manche Freunde damals das gleiche Problem hatten, erfuhr man von Möglichkeiten – an Wunschziele (Schweiz, USA, Neuseeland) war nicht zu denken, denn dafür gab es meist kein Visum. [...] Eine unerwartete Möglichkeit ergab sich, als Karls Vater mit einem Geschäftsfreund über diese Pläne sprach. [...] Er meinte, für einen ‚Holzwurm‘ sei doch Brasilien ideal und bot sogar an, über seinen Filialleiter in São Paulo helfen zu lassen [...].“[60] Nun war das Problem, Visa zu bekommen. Treffen, um dies alles zu besprechen, waren kaum noch möglich. „Es konnte nur im Dunkeln sein und außerhalb der Stadt. [...] So fuhren wir mit dem Fahrrad abends zum Sternwald. Es war aber gar nicht romantisch. Man kam sich wie ein Verbrecher vor, dem die Polizei auf der Spur war.“[61] Hilda Welte erhielt über einen Freund eine Stelle als Hauslehrerin in São Paulo und dadurch ein Einreisevisum. Für Karl wurde es eng – er besorgte sich ein Visum für Uruguay (es gab ein Konsulat in Bern) und erhielt auf dieser Grundlage ein Touristenvisum für Brasilien (das nächstgelegene Konsulat befand sich in

Stuttgart). Bruder Georg organisierte die Überfahrt mit einem englischen Schiff für Anfang 1936. Da Hilda Weltes Mutter krank wurde, musste Karl Veit allein nach Brasilien fahren. Im Januar 1936 kam er an. Hilda folgte kurz darauf – ebenfalls allein, für eine Frau damals sehr ungewöhnlich. Hildas Eltern waren nicht glücklich über die Entscheidung ihrer Tochter, wegen der Liebe zu einem jüdischen Mann Deutschland zu verlassen. Dies galt vor allem für ihren Vater. „Er legte mir jedoch keinen Stein in den Weg und sprach mit niemandem darüber. Eines Tages gab er mir sogar mein Sparbuch […].“[62]

Karl Veit fand Arbeit im größten Sägewerk nebst Holzhandel in Brasilien und gründete 1937 seine eigene Firma, Hilda Welte arbeitete als Lehrerin. 1938 heirateten die beiden in São Paulo, 1939 nahmen sie Berthold und Hilda Veit auf. Erst ab 1943 warf die Firma von Karl Veit genug ab, dass er und seine wachsende Familie davon leben konnten.

Die Probleme, mit denen Flüchtlinge aus Deutschland in Brasilien konfrontiert waren, wurden bereits geschildert. Bei Karl Veit und seiner Frau kamen noch weitere hinzu: Hilda geb. Welte musste zweimal die Erfahrung machen, dass der Arm des Deutschen Reiches lang war. Als deutsche Staatsangehörige mussten sie von einem deutschen Priester (der von der Reichsregierung beauftragt war) getraut werden, welcher massiv versuchte, ihr als „Arierin" diese Heirat auszureden, da letztere gegen die deutschen Rassegesetze verstoße.[63] Anfang 1941 wurde Hilda auf das deutsche Konsulat bestellt. „Noch war ich ja Reichsangehörige. Mein Pass war zwar abgelaufen, und ich hatte keine Erneuerung beantragt, die ich ja doch nicht bekommen hätte; aber ich musste der Aufforderung Folge leisten, wenn ich nicht Komplikationen herausfordern wollte."[64] In großer Furcht – würde sie ausgewiesen werden? – meldete sie sich. Grund für ihre Vorladung war gewesen, dass ihr Bruder Paul Welte und ihre Schwägerin Lydia, „besonders fanatische Nazis"[65], sie – wider besseres Wissen – als quasi vermisst gemeldet und das Konsulat beauftragt hatten, sie zu finden. „Man hat mich bei dieser Unterhaltung nicht gerade höflich behandelt; aber das Wichtigste: schließlich ließ man mich wieder gehen. [...] Man hatte schon manche Deutsche ausgewiesen, und die erwartete in Deutschland mindestens ein Lager."[66]

Karl Veit und Hilda geb. Welte blieben in Brasilien, wo ihre vier Kinder geboren wurden. Sie kümmerten sich um Karls Eltern, Berthold und Hilda Veit. Karl blieb zeit seines Lebens ein „Holzwurm" – als Unternehmer mit eigenen Teakplantagen.

Die anderen drei Geschwister lebten zeitweise in Berlin. Die Großstadt bot ab 1933 erst einmal mehr Sicherheit – man konnte untertauchen, die

Abb. 17: Karl Veit und Hilda Veit geb. Welte mit ihren Kindern Renata, Luis, Vitor und Silvia (1948)

Familie war unbekannt, und damit auch ihre jüdischen Wurzeln.

Abb. 18: Otti und Emmi Veit (o. J.)

Otti Veit, hochmusikalisch und bereits als Schülerin eine ausgezeichnete Cellistin, wollte bei Nikolai Graudan[67] Cello studieren. Als Jude aus der Sowjetunion musste dieser 1935 Deutschland verlassen; Otti folgte ihm nach London.
Nach den Bestimmungen des „Gesetzes gegen die Überfüllung deutscher Schulen und Hochschulen" vom 24. April 1933[68] hätte sie als Jüdin ohnehin die Hochschule verlassen müssen. In London besuchte sie – als Stipendiatin – das Royal College

Abb. 19: Otti Veit (1935)

of Music und machte ihren Abschluss als „Teacher and Artist“ für Cello. Da sie Deutsche war, erhielt sie jedoch keine Arbeitserlaubnis als Musikerin und schlug sich, wie viele Kolleginnen und Kollegen, als Sprachlehrerin durch.[69]

Otti Veit hatte einen großen Freundeskreis. Unter ihren Freundinnen war auch Jean Layton, Tochter des einflussreichen Publizisten Sir Walter Layton.[70] In London heiratete Otti Robert „Robby“ Eisner, den sie bereits in Berlin kennengelernt hatte. Auch Eisner hatte Berlin verlassen müssen und studierte Bergbauwesen. Seine Aufenthaltsgenehmigung erlosch mit dem Abschluss seines Studiums. Eine Erneuerung war nur unter einer der folgenden Bedingungen möglich: genügend Geld zu besitzen, um sich selbstständig zu machen, oder aber eine Stelle zu finden, die kein britischer Bürger besetzen konnte. Eisner musste also das Land verlassen. Die ersten beiden Ziele – Kanada und Südafrika – schieden aufgrund ähnlicher Bestimmungen aus. Zufällig fand er dann eine Stelle in Westaustralien, in Kalgoorlie, damals noch eine abgelegene, kaum besiedelte Gegend. Anfang 1939 machte er sich auf den Weg. Da Otti gerade eine befristete Stelle als Deutschlehrerin hatte, folgte sie erst ein Jahr später. Sie hatte Glück: Nach Kriegsbeginn wurden Einreisen nur noch in Sonderfällen gestattet, z. B. wenn Verwandte bereits im Lande lebten. Am 27. Januar 1940 kam sie in Fremantle an.[71]

Im Mai 1940 beschloss die australische Regierung, die vielen in Westaustralien beschäftigten italienischen Bergbauarbeiter zu verhaften und zu internieren, genau wie alle Personen mit deutscher Staatsangehörigkeit. Robert Eisner wurde verhaftet. Nach Beschwerden wurden er und andere Leidensgenossen, alles jüdische Flüchtlinge, jedoch zwei Wochen später entlassen.

Robert Eisner erhielt auf seinen Wunsch hin ein Dokument, welches ihn statt als „enemy alien" als „friendly alien" einstufte.[72]

Als Bergbauingenieur mochte man in Kalgoorlie Arbeit finden, aber als Cellistin? Doch Otti Veit wurde „entdeckt" und spielte als Erste Cellistin im West Australian Symphony Orchestra Perth. 1948, nach dem Umzug der Familie nach Melbourne, nahm sie ihre Solokarriere

Abb. 20: Otti Veit als Cellistin

Abb. 21: Otti Veit und Kurt Robert Eisner mit den Töchtern Miriam und Ruth (1956)

wieder auf und unterrichtete mit großem Erfolg Cello am Konservatorium der dortigen Universität.[73] Beide blieben bis zu ihrem Tod in Australien, wo auch ihre beiden Töchter geboren wurden und aufwuchsen.

Ottis Zwillingsschwester **Emmi Veit** wollte Literatur studieren. Sie zog nach Berlin, weil dort für Juden diese Möglichkeit noch bestand, und zwar an der 1934 eröffneten Jüdischen Lehrerbildungsanstalt, welche aus der „Hochschule für die Wissenschaft des Judentums" hervorgegangen war.[74]

Laut Emmi Veit war das Niveau sehr hoch, da der Lehrkörper aus entlassenen Hochschulprofessoren bestand. An dieser Hochschule lernte sie auch ihren späteren Ehemann, den waschechten Berliner Rudi Sabor, kennen. 1936 bestand sie ihr Abschlussexamen (aufgrund guter Leistungen wurde ihre Ausbildung auf zwei Jahre verkürzt), und sie trat eine Stelle an der Jüdischen Mädchenschule[75] (für 11- bis 16-Jährige) an, wo sie Deutsch und Geschichte unterrichtete, Rudi Sabor Musik und Deutsch. Emmi über Berlin: „Berlin ist eine aufregende und wunderschöne Stadt. Neben der Musik und den Theaterstücken gab es den Grunewald, wo wir häufig spazieren gingen. [...] Man fühlte sich in seinem Zimmer, an der Universität und im Grunewald sicher. Aber die Nazis marschierten, hielten Treffen ab, Flaggen wehten. Eines Nachts

Abb. 22: Emmi Veit (1935)

hörten wir Glas fliegen und zerbrechen. Wir wussten, dass in viele jüdische Geschäfte eingebrochen wurde, Waren gestohlen oder zerstört wurden. Es war die ‚Kristallnacht', der Beginn der eigentlichen Gräueltaten."[76] Nach der Pogromnacht „versuchten [...] wir verzweifelt, aus Deutschland herauszukommen".[77]
Es war Otti, die den beiden ein Einreisevisum für England besorgte. Ein Visum war an Bedingungen geknüpft: Man musste bereit sein, in Mangelberufen zu arbeiten – für Frauen hieß das „Haushaltsjobs, Dienstmädchen oder Köchin in Hotels oder Privathäusern".[78] Der spätere Arbeitgeber musste eine Kaution hinterlegen, um sicherzustellen, dass das britische Sozialsystem nicht belastet würde.[79] 1939 konnte Emmi Veit aus Deutschland ausreisen – mit einem Koffer sowie 10 RM, mehr war nicht erlaubt. In England arbeitete sie in verschiedenen Haushalten – „[...] ich hatte keine Ahnung vom Kochen [...]. Katastrophen passierten natürlich häufig [...]".[80] Für Rudi Sabor stellten die englischen Quäker die Kaution und vermittelten ihm eine Möglichkeit, auf einer Farm zu arbeiten.[81] Im August 1939 konnten die beiden heiraten und fanden jeweils Arbeit in London. Zwar wurde Rudi 1941 als „enemy alien" interniert[82], aber nach sechs Monaten freigelassen. In dieser Hin sicht hatte er mehr Glück als sein späterer Schwager, Georg Veit. Die beiden arbeiteten eine Weile in

Abb. 23: Emmi und Rudi Sabor mit Monika und Peter (1951)

der Rüstungsindustrie, später als Lehrer. Unter großen Schwierigkeiten (nicht einmal sein Abitur wurde anerkannt) gelang es Rudi, Musik zu studieren; er sollte zu einem namhaften Musikwissenschaftler und Wagner-Experten werden. Obschon Emmi Veit und Rudi Sabor aus jüdischen Familien stammten, ließen sie ihre beiden Kinder (geb. 1946 und 1949) 1953 taufen. „Wir waren der Meinung, dass unsere Kinder Teil der Gemeinschaft sein sollten, in der sie aufwuchsen, nicht Außenseiter, zu denen wir in Deutschland plötzlich ‚erklärt' worden waren."[83]

Georg Veit reiste am 8. Februar 1937 mit einem Besuchervisum in England ein. Sein damaliger Arbeitgeber, die Holzfirma Lemnaria aus Rumänien, hatte ihm dort eine Stelle als Handelsvertreter angeboten. „Vor Ablauf meines Besuchervisums standen hektische Besuche bei Anwälten, Banken und Regierungsstellen an, um die nötige Aufenthalts- und Arbeitserlaubnis als Verkäufer der Firma Lemnaria zu erhalten.“[84] Georg Veit erhielt lediglich eine Aufenthaltsgenehmigung ohne die Erlaubnis, in England eine Stelle anzutreten. Seine Bewegungen als Vertreter wurden streng kontrolliert.
Englisch sprach er kaum, hatte er doch bereits angefangen, Portugiesisch zu lernen, um nach Brasilien auszuwandern. Statt Georg – süddeutsch „Schorsch“ – benutzte er ab sofort die englische Schreibweise seines Namens, also George. Georg Veit wollte mit Deutschland und den Deutschen nichts mehr zu tun haben – dazu gehörte auch die Sprache. Er lebte in London, wo seine Schwester Otti und ihr Freundeskreis sich seiner annahmen und ihn beim Andocken in diesem ihm so fremden Land unterstützten. Er lernte seine spätere Frau, Mary Maxwell Brown (geb. 1902), kennen. Sofort nach der Pogromnacht bemühte er sich, mit Unterstützung von Layton[85], für seine Eltern eine Einreiseerlaubnis zu erhalten, während sein Bruder für die beiden ein Visum für Brasilien beantragte.

Abb. 24: Georg Veit (1942)

Ab Mitte 1939 fanden Anhörungen („tribunals") statt, in denen Angehörige feindlicher Staaten in drei Kategorien ihrer vermuteten Loyalität Großbritannien gegenüber eingeteilt wurden: A, B und C. Georg Veit wurde in die Kategorie B eingestuft (keine Internierung, aber Kontrolle und Restriktionen). Was für die Einstufung jeweils ausschlaggebend war, erfuhr man nicht.[86] Mit Kriegsbeginn im September 1939 stapelte Georg Veit mit anderen Londonern Sandsäcke und trat in die Feuerwehr ein, in der Mary eine leitende Stellung bekleidete: „Ich wollte unbedingt meinen Anteil an den Kriegsanstrengungen leisten."[87] Im Mai 1940 wurde er jedoch interniert, zuerst im Lager Kempton Park, dann auf der Isle of Man.[88] Am 10. Juli 1940 wurde er auf dem Truppentransporter „HMT Dunera" nach Australien gebracht. Keiner der über 2500 Gefangenen[89] auf dem Schiff wusste, wohin es ging.

Die Lebensbedingungen an Bord spotteten jeder Beschreibung, die „Passagiere" wurden bestohlen und misshandelt. Drei Mitglieder der Crew mussten sich deshalb 1941 vor einem britischen Kriegsgericht verantworten, die deportierten Männer wurden für gestohlene und verlorene Habe entschädigt. Churchill, der die Internierung und Deportation der „enemy aliens" angeordnet hatte, äußerte später sein

Abb. 25: Ankunft der HMT Dunera in Melbourne (18. April 1940)

Bedauern darüber, dass dies auch Flüchtlinge getroffen hatte.

Aus einem Internierungslager in Australien meldete Georg Veit sich als Freiwilliger zum Royal Pioneer Corps, gelangte so wieder nach Großbritannien, nur um dort abgelehnt und erneut interniert zu werden.[90] Seiner späteren Frau Mary Maxwell Brown gelang es, ihn nach zwei Monaten freizubekommen, und Georg Veit nahm die Arbeit in der Feuerwehr wieder auf, auch durfte er nun regulär in der Holzbranche arbeiten. 1942 konnten die beiden heiraten – eine

Gesetzesänderung ermöglichte es britischen Frauen, nicht automatisch die Staatsangehörigkeit des Ehemannes annehmen zu müssen (wodurch auch Mary ein „enemy alien" geworden wäre). 1946 wurde Georg Veit britischer Staatsbürger. Beide wurden nach Kriegsende für ihren Einsatz mit der „British Defence Medal" ausgezeichnet. Auch Georg blieb ein „Holzwurm" – er arbeitete in leitender Stellung in der Holzbranche. 1966 zogen Georg und Mary nach Kanada. Sie hatten drei Töchter.

Abb. 26: Georg Veit und Mary Maxwell Veit mit Elizabeth, Barbara und Margaret (bei Freiburg, 1952)

Kampf um Restitution

„Ich will & kann keinen Prozess mit der Stadt Freiburg fuehren. Ich will eine freundschaftliche Erledigung dieses Unrechts, das mir angetan wurde & ich will, wenn ich auch zehntausende von Kilometern entfernt bin, wieder mich als Besitzer meines sauer erworbenen Eigentums & damit wieder als freier Mann & beinahe als Freiburger fuehlen."[91]

Berthold Veit hing nach wie vor an „seiner" Stadt, und er hoffte auf eine gütliche Rückgabe seines Besitzes. Seine Hoffnungen wurden jedoch bitter enttäuscht.

Im September 1945 hatte der Alliierte Kontrollrat das Kontrollratsgesetz Nr. 1 zur Aufhebung nationalsozialistischen Unrechts erlassen.[92] Die konkrete Umsetzung, beispielsweise die Restitution (Rückerstattung) betreffend, unterschied sich von Zone zu Zone. Freiburg befand sich in der französischen Besatzungszone.[93] In jedem Falle sahen die überlebenden jüdischen Menschen (oder ihre Nachfahren) sich jetzt in der Rolle von Bittstellern. In kürzester Zeit waren sie entrechtet und ausgeplündert worden – der Kampf um die Rückgabe oder eine angemessene Entschädigung zog sich hingegen immer über Jahre und gegen zähe Widerstände hin. Seitens der Behörden, in denen häufig genug dieselben Sachbearbeiter arbeiteten wie zu Zeiten des Nationalsozialismus, gab es wenig bis keine Unterstützung. Im Folgenden wird Berthold Veits Kampf um die Rückgabe der Liebigsäge sowie der Liegenschaft Bahnhofstraße 8 (bzw. das Zahlen einer angemessenen Entschädigung) dargestellt.[94] Grundlage einer Restitution war die Verordnung Nr. 120 der französischen Besatzungsmacht vom November 1947.[95] Entsprechende Liegenschaften wurden unter Kontrolle gestellt, d. h. sie konnten von den Eigentümern zwar genutzt, nicht aber verändert oder verkauft werden.[96]

Berthold Veit kämpfte in den Jahren 1949 bis 1951 um die Restitution der Liebigsäge, konkret forderte er von der Stadt Freiburg eine Nachtragszahlung zum Schleuderpreis von 1936. Da der Verkauf bereits Ende 1936 stattgefunden hatte, war Veit es, der nach der Stichtagregelung der VO Nr. 120 den Nachweis erbringen musste, dass es sich nicht um ein faires Rechtsgeschäft gehandelt hatte.[97] U.a. auf eben jene fragwürdige Stichtagregelung stützte sich denn auch die Stadt Freiburg, vertreten durch das Liegenschaftsamt:

„Im Kaufvertrag wurde Herrn Veit größtes Entgegenkommen gezeigt. […] Daraus ist ohne weiteres zu entnehmen, daß – abgesehen von der allgemeinen politischen Lage und der besonderen Lage der

Juden, für die die Stadt Freiburg i. Br. nicht allein verantwortlich gemacht werden kann – von der Stadt Freiburg i. Br. als Käuferin des Sägewerks auf Herrn Veit keinerlei Druck ausgeübt wurde. Herr Veit müßte hierfür nach Artikel 3 Absatz 3 der Verordnung Nr. 120 den Beweis erbringen. (Stichtag 14.6.1938). Herr Veit stand bei dem Verkauf der Säge also nicht unter dem Zwang der Auswanderung, diese wurde erst 1939 aktuell."[98]
Sollte die Stadt jedoch die geforderte Differenz zahlen müssen, sollte auf jeden Fall vermieden werden, den damaligen Preis als „‚Schleuderpreis' zu konzedieren".[99] Berthold Veits Anwalt, Luz [Luzian, d. Verf.] Manny, stellte die Notlage von Veit als jüdischem Unternehmer deutlich dar.[100] Während der Verhandlung stellte sich heraus, dass die Stadt Freiburg ohne Zweifel mit an Veits schlechter wirtschaftlicher Lage schuld gewesen war: „Herr Oberforstrat Schweigler, als früherer Dienstvorstand des Städt. Forstamtes, hat bei seiner Einvernahme die Erklärung abgeben müssen, daß er im Jahre 1936 von dem damaligen Oberbürgermeister Dr. Kerber die Weisung erhalten habe, Holzverkäufe an das Sägewerk Veit auslaufen zu lassen. Außer den übrigen Maßnahmen, denen die Juden in der damaligen Zeit ausgesetzt waren, hätte dieses Verbot das Sägewerk allein schon zum Erliegen gebracht."[101]

Dass es sich tatsächlich um einen Schleuderpreis gehandelt haben *musste*, zeigt der zwischen der Stadt Freiburg (konkret: dem Liegenschaftsamt) auf der einen und Berthold Veit auf der anderen Seite abgeschlossene Vergleich: Die Stadt Freiburg musste 100 000 DM an Berthold Veit nachzahlen.[102] Diesem Vergleich wurde am 25. September 1951 vom Gemeinderat der Stadt Freiburg zugestimmt, laut Beschlussprotokoll „nach eingehender Aussprache". Es handelte sich um einen Mehrheitsbeschluss mit einer Enthaltung. Da es sich um eine nichtöffentliche Sitzung handelte, wissen wir nur, dass vier Stadträte (von 17 anwesenden) sowie der Direktor des Liegenschaftsamtes und OB Dr. Hoffmann das Wort ergriffen, nicht jedoch, wie sie sich äußerten und wer sich enthielt.[103] In einem weiteren Vergleich erhielt Berthold Veit 1962 4000 DM Goodwill[104] zugesprochen.
Am 26. November 1949 erfuhren die Mitglieder des Freiburger Stadtrats von dem Restitutionsverfahren. Ein Beispiel aus der zeitgenössischen Berichterstattung[105] macht deutlich, dass Berthold Veit bei seinem Kampf um die Rückgabe des ihm geraubten Eigentums nicht nur gegen die Profiteure seiner Ausplünderung selbst kämpfen musste, sondern auch um weitverbreitete Auffassungen über Juden, die sich um Restitution bemühten: Der Artikel aus der *Schwarzwälder Post* suggeriert mit dem Verkaufsdatum 1933

(anstatt richtigerweise Dezember 1936), dass ein angemessener Preis erzielt wurde. Im fernen Brasilien habe Herr Veit es sich nach Kriegsende anders überlegt, kehrt nach Freiburg zurück und versucht, nochmal Geld herauszuschlagen … Hier wird auch das Stereotyp des gewinnsüchtigen Juden bedient; Worte wie Raub und „Arisierung" sucht man hingegen vergebens. Das tatsächliche Jahr der erzwungenen Emigration, 1939, zeigt, dass sie denkbar knapp gelang – dieses Datum wird jedoch nicht erwähnt.

Ein Verfahren um die Stadtsäge

Freiburg. Die Stadtsäge im Industriegebiet bietet sich nun wieder für alle Lieferungen an und will künftig ein reicheres Sortiment an Hölzern führen als bisher. Durch Anschaffung neuer Maschinen — die ältesten sind 30 und mehr Jahre alt — soll die Wirtschaftlichkeit der Säge vom kommenden Jahr an gesteigert werden. Der wiedereröffnete Hobelbetrieb kann nun auch wieder Böden aller Art liefern. Inzwischen aber läuft nun ein Restitutionsverfahren um die Freiburger Stadtsäge. Sie war 1933 von der nationalsozialistischen Stadtverwaltung von einem Herrn Veit gekauft worden, der nach Sao Paulo in Brasilien auswanderte und der nun der Auffassung ist, er habe damals zu billig verkaufen müssen. Die Stadt steht mit ihm in freundschaftlichen Unterhandlungen. Herr Veit möchte allerdings die Säge wieder zu eigen haben, hat aber Interesse daran, daß sie der Stadt als Pachtbetrieb erhalten bleibt.

Abbildung 27: Artikel in der *Schwarzwälder Post* vom 3. Dezember 1949

Der nach wie vor spürbare Antisemitismus war ein Grund, aus dem Nathan Rosenberger[106], der – schwer gezeichnet von den unmenschlichen Zuständen und Quälereien in Theresienstadt – 1945 in „sein" Freiburg zurückkehrte und dort die jüdische Gemeinde wieder aufbaute, Überlebenden von der Rückkehr abriet.[107]
War es bei der Liebigsäge eindeutig, wer der „Ariseur" gewesen war, galt dies nicht für die Liegenschaft in der Bahnhofstraße, da der ursprüngliche – private – Profiteur im Nachhinein vom Reich ausgebootet wurde.
Am 28. Dezember 1938 hatte Berthold Veit die Liegenschaft in der Bahnhofstraße 8 an die Eheleute Groß verkauft. Der Makler Otto Zorn, welcher die Liegenschaft Eisenbahnstraße 4 (bis 1935 und ab 1945 Hausnummer 68) erworben hatte, sollte als Verwalter fungieren. OB Kerber hatte jedoch Ansprüche der Stadt angemeldet, welche vom Badischen Finanz- und Wirtschaftsministerium positiv beschieden worden waren; der Verkauf des Anwesens Bahnhofstraße 8 wurde nicht genehmigt.[108] Berthold Veit kannte die weitere Entwicklung nicht; mehrere Schreiben von ihm an das Finanzamt Freiburg, in denen es um Begleichung seiner Steuerschulden mithilfe der Ratenzahlungen der Käufer geht, zeigen dies.[109] Am 24. Februar 1943 wurde vom badischen

Oberfinanzpräsidenten verfügt, dass die Liegenschaft Bahnhofstraße 8 „dem Reich verfällt". Anstelle von Otto Zorn wurde das Finanzamt Freiburg-Stadt mit der „Verwaltung und Verwertung" betraut.[110] Zum 1. November 1944 wurde im Grundbuch als Eigentümer „Großdeutsches Reich" eingetragen.[111] Zu diesem Zeitpunkt war Eugen Groß zur Wehrmacht eingezogen worden, seine Frau Maria Groß geb. Singler befand sich im freiwilligen „Osteinsatz" im besetzten Krakau.

Am 26. April 1944 wurde nicht nur das Grundstück in der Bahnhofstraße „als dem Reich verfallen erklärt", sondern auch ein etwa noch bestehendes Vermögen von Berthold Veit.[112] Während des großen Luftangriffs vom 27. November 1944 wurde die Gegend um den Hauptbahnhof vollständig zerstört. Sowohl das Anwesen Eisenbahnstraße 4 als auch Bahnhofstraße 8 waren Trümmergrundstücke.

Am 29. Oktober 1949 verfasste Berthold Veit (er wusste nicht, ob die Häuser überhaupt noch standen[113]) im fernen Brasilien ein Schreiben an Eugen Groß in Freiburg: „[...] erkläre ich wunschgemaess, dass ich an meinem frueheren Anwesen Bahnhofstraße 8 nicht mehr interessiert bin, weil der Verkauf an Sie seinerzeit regelgerecht durchgefuehrt wurde & Zahlungen erfolgt sind. Aus diesem Grund entfaellt auch die Restitutionsklage."[114]

Kurze Zeit später, am 13. Dezember 1949, wurde die Übertragung auf das Deutsche Reich gemäß VO Nr. 120 für nichtig erklärt, das Grundstück unter Kontrolle gestellt. Dass Berthold Veit die Verzichtserklärung Groß gegenüber „in völliger Unkenntnis der Sachlage" abgegeben hatte, nämlich in dem Glauben, die Raten seien wie vereinbart gezahlt worden[115], nutzte nichts – die Verzichtserklärung wurde als rechtskräftig gewertet. Da die Eheleute Groß Zahlungen lediglich behaupteten, aber nicht nachweisen konnten, würde das Grundstück bzw. der Erlös des Verkaufs auf den „Fonds zur Entschädigung der Opfer des Nationalsozialismus" übergehen.[116] Dies bedeutete, dass das Eigentum von Berthold Veit nun in einem Fonds für „herrenloses" jüdisches Eigentum landen würde.[117]

Berthold Veit wandte sich an den badischen Minister für Finanzen, um zu protestieren: „Ich gehoere nach all dem, was ich & meine Familie erduldet & verloren haben, in erster Linie zum Kreise derjenigen, fuer deren Entschaedigung die dem Fond zufliessenden Gelder […] bestimmt sein sollten. Man darf aber nicht annehmen, dass ich mich damit einverstanden erklaere, dass aus meinem Vermoegen [Hervorhebung im Original, d. Verf.] andere entschaedigt werden […]. Das dem Fond zufliessende Vermoegen stammt aus juedischem Besitz – also aus Familien, die durch das deutsche Reich vollstaendig ausgerottet wurden […]. […] darf ich mich der Erwartung hingeben, dass […] diese Frage zu einem nicht neues Unrecht schaffenden Ende gebracht wird."[118]

Ein zweites Mal hoffte Bertold Veit vergebens. Das Grundstück wurde an die städtische Domänenverwaltung verkauft, der Erlös ging in Gänze an den „Fonds zur Entschädigung der Opfer des Nationalsozialismus" über. Einem Kompromissvorschlag des Verwaltungsrates dieses Fonds, Berthold Veit aus moralischen Gründen wenigstens die Hälfte des Geldes zukommen zu lassen, stimmte das Ministerium nicht zu.

In weiteren Verfahren musste Berthold Veit um „Wiedergutmachung" kämpfen: eine Rente sowie die 5 DM/Tag, die es als Entschädigung für Haft gab. Mit seiner Schwester Bianca Richheimer geb. Veit betrieb er die Restitution von Grundstücken in Emmendingen, welche dem Vater der beiden, Simon Veit, gehört hatten, sowie die „Entschädigung" für dessen Deportation nach Gurs und Tod im Lager. Diese Verfahren schleppten sich über Jahre hin.

„So hängt man halt an seiner Heimat [...]“

„[...] & diese ist es, um die ich Sie ein wenig beneide“, so Berthold Veit 1948 in einem Brief an Freiburgs Oberbürgermeister Hoffmann.[119] Die Familien Veit und Günzburger, seit Generationen in Südbaden ansässig, wurden in ihrer Heimat entrechtet, ausgeplündert und aus ihr vertrieben, zwei Mitglieder nach Gurs deportiert und ermordet. Die Restitution nach 1945 fand nur in Ansätzen statt und musste über Jahre erstritten werden.

Obwohl sie im Exil nie wirklich heimisch wurden und ihre Heimat zeitlebens vermissen sollten, war eine Rückkehr nach Deutschland für Berthold und Hilda Veit ausgeschlossen. Schwiegertochter Hilda Veit geb. Welte: „Zurück nach Deutschland, das haben sie auch nicht mehr gewollt, dazu waren die Erfahrungen zu negativ. [...] In die Schweiz dagegen wären die Großeltern sofort gezogen; vorübergehend erwogen sie sogar, dort in ein Altersheim zu gehen. Aber [...] abgesehen von den Kosten hätten sie dann fern von allen Kindern gelebt. Was sie anzog [...], das waren die Natur und die Sprache, ohne die Erinnerungen an die Vergangenheit.“[120] Schwiegersohn Rudi Sabor über einen seiner Besuche in Deutschland. „Oberflächlich waren sie [die Deutschen, d. Verf.] ja sehr freundlich und erklärten, sie könnten nicht verstehen, wie das alles hatte passieren können und so weiter. Aber bei jedem in meiner Altersgruppe, den ich sah, fragte ich mich: ‚Na, was hast Du wohl während des Krieges gemacht?'"[121]

Heimat umfasst eben mehr als eine Landschaft, die Natur, die Sprache. Diese mochten die 13 Jahre NS-Diktatur überdauert haben, aber eine Heimat waren diese Landschaft, diese Natur, der alemannische Dialekt nicht mehr. In den Worten der jüdischen Freiburgerin Lotte Paepcke:[122] „In einem Haus, in dem getötet wurde und in dem man selbst getötet

Abb. 28: Berthold Veit und Hilda geb. Günzburger (ca. 1959)

werden sollte, hat man Angst. In Deutschland habe ich Angst. – Ich weiß von vielen guten Menschen dort und von vielem offiziellem und persönlichem Bemühen. Aber die Heimat ist es nicht mehr."[123]

Nachwort

Hilda Günzburger war die jüngste Schwester meines Großvaters Julius Günzburger. Ihre Eltern waren Israel Günzburger und Babette Günzburger, geb. Kaufmann.

Berthold Veit, der Ehemann von Hilda Günzburger, war der Sohn von Simon Veit und seiner Ehefrau Sophie Veit, geb. Günzburger – eine Schwester meines Urgroßvaters Moritz Günzburger.

Moritz Günzburger und Ehefrau Nanette Günzburger, geb. Kaufmann, gaben ihrer ältesten Tochter ebenfalls den Namen Sophie. Sophie Günzburger, geb. Günzburger, und Julius Günzburger waren meine Großeltern – sie kamen im Frühjahr 1945 im KZ Bergen-Belsen ums Leben.

Ich danke Frau Dr. Elke-Vera Kotowski von der Moses Mendelssohn Stiftung und Frau Julia Wolrab vom Freiburger NS-Dokumentationszentrum sowie der Ursula Lachnit-Fixson Stiftung für die Unterstützung bei der Realisierung dieses Buches.

Frau Sabine Herrle danke ich für die umfangreichen Recherchen und für die vielen neuen, bislang unbekannten Erkenntnisse über das Schicksal der Familie Veit und für den Text zu diesem Buch.

Ich freue mich, dass es endlich gelungen ist, an das tragische Schicksal der jüdischen Familie von Berthold und Hilda Veit aus Freiburg öffentlich und nachhaltig zu erinnern, und hoffe sehr, dass es gelingt, Stolpersteine vor dem ehemaligen Wohnhaus der Familie Veit in der Eisenbahnstraße 68 und vor der ehemaligen Wohnung von Hilda Welte in der Hildastraße 66 in Freiburg zu verlegen.

Berlin, im Juni 2024
Bert Günzburger

Anmerkungen

1 StadtAF D.Li. Nr. 250, Brief Berthold Veit an Freiburgs OB Hoffmann vom 16.09.1948, S. 2. Wolfgang Hoffmann (1893–1956), 1945–1956 OB der Stadt Freiburg. Siehe: https://www.leo-bw.de/en-GB/detail/-/Detail/details/PERSON/kgl_biographien/116950692/Hoffmann+Wolfgang (17.03.2024). Die Briefe legen nahe, dass die Familien Veit und Hoffmann befreundet waren.

2 Berthold Veit, geb.1884 in Emmendingen, gest. 1966 in São Paulo/Brasilien; Hilda Veit geb. Günzburger, geb. 1889 in Emmendingen, gest. 1963 in São Paulo/Brasilien; Georg Veit, geb. 1908 in Emmendingen, gest. 2003 in Montreal/Kanada; Karl Veit, geb. 1910 in Emmendingen, gest. 1993 in São Paulo/Brasilien; Otti Veit verh. Eisner, geb. 1914 in Emmendingen, gest. 2000 in Ivanhoe, Victoria/Australien; Emmi Veit verh. Sabor, geb. 1914 in Emmendingen, gest. 2005 in Petts Wood/Großbritannien.

3 Das Großherzogtum Baden (bis 1918) mit Karlsruhe als Hauptstadt wurde 1919 zum Land Baden, während des NS zum Gau Baden. Das heutige Bundesland Baden-Württemberg (Hauptstadt: Stuttgart) wurde erst 1952 gebildet. Zu der Zeit zwischen 1945 und 1952 siehe Anm. 93.

4 Der besseren Lesbarkeit wegen wird im Folgenden das generische Maskulinum verwendet. Sämtliche Personenbezeichnungen gelten gleichermaßen für beide Geschlechter.

5 Günzburger, Bert / Matthiak, Lothar (Hg.): Familie Veit / The Veit Family. Berlin, 2017. Online in der digitalen Bibliothek des Leo-Baeck-Instituts in New York unter: http://digital.cjh.org/4566404 (18.02.2024).

6 Brucher-Lembach, Andrea: … wie Hunde auf ein Stück Brot. Die Arisierung und der Versuch der Wiedergutmachung in Freiburg.

Arbeitskreis Regionalgeschichte Freiburg e.V. (Hg.), Bremgarten 2004.

7 Konstitutionsedikte: Baden gehörte zu den großen Gewinnern der Neugestaltung der deutschen Staaten durch Napoleon. (Freiburg war beispielsweise bis 1803 österreichisch.) Das Territorium vervielfachte sich. Als Folge ergab sich die Notwendigkeit, für das Großherzogtum eine neue staatsrechtliche Basis zu schaffen. Dies geschah in Form mehrerer Konstitutionsedikte. Das Edikt Nr. 9 ist relevant für die Gleichstellung der Juden. Baden war – nach Hamburg – der zweite deutsche Staat, der die Emanzipation der Juden einführte.

8 Kaufmann, Uri R.: Kleine Geschichte der Juden in Baden, Stuttgart 2007, S. 96.

9 Simon Veit (geb. 1851 in Emmendingen, ermordet 1941 im Lager Gurs). Holzhändler, 50 Jahre lang Vorstand der jüdischen Gemeinde Emmendingen und ihr Kantor. Siehe auch: https://juedisches-leben-in-emmendingen.de/personen/1258/ (14.03.2024). Zu Gurs siehe Anm. 53.

10 Günzburger/Matthiak (wie Anm. 5), S. 156.

11 Ebd., S. 156.

12 StAF, F 196/1, Nr. 4570,3. Schreiben des Oberfinanzpräsidiums Karlsruhe vom 24.02.1943, S.1. Der Kontext ist die Begründung der Einziehung des gesamten Vermögens von Berthold Veit als „kommunistischem“ bzw. „volks- und staatsfeindlichem“ Vermögen. Das Schreiben beruft sich explizit auf eine „Feststellung“ der Gestapo, Außenstelle Freiburg.

13 Günzburger/Matthiak (wie Anm. 5); S. 222 ff.

14 https://www.freiburg.de/pb/231027.html (28.01.2024), zu Baden: https://www.wahlen-in-deutschland.de/wrtwbaden.htm (28.01.2024).

15 Franz Kerber (geb. in Freiburg 1901, im Sept. 1945 in der Nähe

von Freiburg ermordet aufgefunden). OB von Freiburg von April 1933–1945, von Gauleiter Wagner (siehe Anm. 16) an die Macht gebracht. Online unter: https://de.wikipedia.org/wiki/Franz_Kerber (20.03.2024); siehe auch: Hainmüller, Bernd: Franz Kerber, der NS-Oberbürgermeister. Online unter: https://hainmueller.de/publikationen/franz-kerber-1901-1945-der-ns-oberbuergermeister.html (20.03.2024).

16 Robert Wagner (geb. 1895 in Eberbach, hingerichtet 1946 im Fort de Roppe bei Belfort). Reichsstatthalter und Gauleiter in Baden, ab 1940 auch Chef der Zivilverwaltung im annektierten Elsass. Verantwortlich für die Deportation der Juden aus Baden am 22.10.1940. Online: https://de.wikipedia.org/wiki/Robert_Wagner_(Gauleiter) (20.03.2024).

17 Brucher-Lembach (wie Anm. 6), S. 39 f.

18 StadtAF, D.Li. Nr. 250, Prozessbericht des Liegenschaftsamts vom 5.9.1951, S. 2. Eine Aufstellung der Holzverkäufe der Stadt an die Liebigsäge ergab, dass diese bereits 1935 dramatisch eingebrochen waren. Siehe auch ebd., Holzkäufe der Firma Veit.

19 Brucher-Lembach (wie Anm. 6), S. 43 ff., S. 50–52: „Arisierung" der Liebigsäge als Beispiel.

20 StAF, F 200/7 Nr. 841, Kaufvertrag.

21 StAF, F 196/1 Nr. 4570/2, Berthold Veit, zitiert nach Gutachten RA Luz Manny, 14.12.1950. Auch die Stadt Freiburg hatte ihren Anteil an diesen Maßnahmen; vgl. auch Anm. 18 sowie 19: OB Kerber wies Anfang 1936 das Forstamt Freiburg an, der Firma Veit kein Rundholz mehr zuzuteilen.

22 StAF, F 200/7 Nr. 841. Grundbuch Freiburg i. Br., Band 319 Blatt 17, Dritte Abteilung, Löschvermerke vom 12.2.1937.

23 StadtAF, D.Li. Nr. 250, Brief Berthold Veit an Freiburgs OB Hoffmann vom 15.10.1948, S. 3.

24 Günzburger/Matthiak (wie Anm. 5), S. 228.

25 Testimony Max Eisenmann, https://collections.ushmm.org/search/catalog/vha12519. Möglichkeiten des Zugangs unter https://vha.usc.edu/access (13.03.2024), nach seiner Eröffnung 2025 auch im Dokumentationszentrum Nationalsozialismus in Freiburg.

26 Günzburger/Matthiak (wie Anm. 5), S. 127.

27 Online unter: https://de.wikipedia.org/wiki/Judenverm%C3%B-6gensabgabe (18.02.2024)

28 Die Bahnhofstraße hieß zwischen 1945 und 1956 Vaubanstraße (Umbenennung durch die Franzosen), die Nummerierung blieb aber gleich. Seit 1956 heißt diese Straße Bismarckallee.

29 StAF F 166/3 Nr. 7174. Der tatsächliche Wert der Einrichtung des Hauses wurde vom Landgericht Freiburg, Entschädigungskammer, am 09.10.1962 per Verfügung auf 90 118,30 RM festgesetzt. Zu den privaten „Arisierungen" auch: Hesse, Klaus / Nachama, Andreas: Vor aller Augen. Die Deportation der Juden und die Versteigerung ihres Eigentums. Fotografien aus Lörrach 1940, Leipzig und Berlin 2018; Aly, Götz: Hitlers Volksstaat – Raub, Rassenkrieg und nationaler Sozialismus, Frankfurt 2005; Dreßen, Wolfgang: Betrifft: „Aktion 3". Deutsche verwerten ihre jüdischen Nachbarn, Berlin 1998.

30 StAF, F 166/3 Nr. 7588, Schreiben Hilda Veit geb. Günzburger vom 19.11.1938.

31 Ebd., Schreiben Hilda Veit geb. Günzburger an das Brit. Generalkonsulat Frankfurt vom 21.12.1938.

32 ITS Digital Archive, Arolsen Archives, 1.2.1.1/11201197: Schreibstubenkarte Dachau, Entlassung Berthold Veit.

33 Günzburger/Matthiak (wie Anm. 5), S. 228.

34 StadtAF, D.Li. Nr. 250, Brief Berthold Veit an Freiburgs OB Hoffmann vom 15.10.1948, S. 3.

35 Ende 1935, einen Tag, nachdem Karl Veit den Zug in die Nieder-

lande genommen hatte, erschien die Gestapo bei Veits, um die Reisepässe aller in der Eisenbahnstraße wohnenden Familienmitglieder einzusammeln. Für Karl Veit kamen sie zu spät, Berthold sowie Hilda jedoch mussten ihre Pässe abgeben. Günzburger/Matthiak (wie Anm. 5), S. 102.

36 Ohne die sogenannte Unbedenklichkeitserklärung wurden keine Pässe ausgegeben, und sie wurde erst ausgestellt, wenn die zahllosen Sondersteuern und -abgaben wie Judenvermögensabgabe (November 1938 eingeführt, 20 Prozent des Vermögens in vier Raten bis Sommer 1939), Reichsfluchtsteuer (1931 eingeführt, um Kapitalflucht zu verhindern; sie betrug 25 Prozent des Vermögens), Auswandererabgabe (Februar 1939 eingeführt; zwischen 1 und 10 Prozent des Vermögens) gezahlt waren.

37 StAF F 166/3, Nr. 7057.

38 Online unter: https://de.wikipedia.org/wiki/Verordnung_%C3%BCber_den_Einsatz_des_j%C3%BCdischen_Verm%C3%B6gens (14.01.2024).

39 Landesarchiv Baden-Württemberg, Generallandesarchiv Karlsruhe (GLA) 237 Zugang 1967-19, Nr. 2106, Schreiben OB Kerber an das Badische Finanz- und Wirtschaftsministerium vom 13.12.1938. – Die Entwicklung in Baden war insofern bemerkenswert, als sie früh und zudem unter Federführung von Oberregierungsrat Johann Stöckinger vom Badischen Wirtschafts- und Finanzministerium in Karlsruhe stattfand, also unter einer staatlichen, keiner Parteistelle einsetzte. Stöckinger musste die „Arisierung" ein Herzensanliegen gewesen sein; aus Freiburg wissen wir von sogenannten Amtstagen, an denen Kaufliebhaber sich melden konnten – ohne Wissen der betreffenden jüdischen Unternehmer. Vgl. Brucher-Lembach (wie Anm. 6), S. 58 f., S. 97.

40 Landesarchiv Baden-Württemberg, Generallandesarchiv Karlsruhe (GLA) 237 Zugang 1967-19, Nr. 2106, Schreiben

Badisches Finanz- und Wirtschaftsministerium an OB Kerber vom 22.12.1938. – In Freiburg wurden während der NS-Diktatur 275 Häuser und Grundstücke aus jüdischem Besitz verkauft, der überwiegende Teil an Privatpersonen. Insgesamt 18 Objekte hatte die Stadt erworben. Siehe Brucher-Lembach (wie Anm. 6), S. 174.

41 Urkunde 5HT 345/1937, Notariat Freiburg V vom 31.12.1937, GA Freiburg Band 61 Heft 21, S. 163–166.

42 Ebd., S. 167–170. Als Eigentümer wurde Otto Zorn erst am 23.10.1941 in das Grundbuch eingetragen: Grundbuch von Freiburg i. B'gau, B, Abteilung 61, Blatt 21, Plan Nr. 3, Lagerbuch Nr. 80, Abteilung I.

43 Urkunde 5HT 345/1937, Notariat Freiburg V vom 31.12.1937, GA Freiburg Band 61 Heft 21, S. 193: Schreiben der Polizeidirektion Freiburg vom 24.04.1940; S. 197: Schreiben des Finanzamts Freiburg vom 30.04.1940; S. 209: Schreiben des Oberfinanzpräsidenten Karlsruhe vom 8.11.1940. Dieser Vorgang zeigt auf, dass die Verwaltungen während des NS nicht als monolithischer Block auftraten, sondern dass es konkurrierende Interessen gab (in diesem Falle der Stadt und des Reiches). Dem Ansinnen von OB Kerber war ja seitens des badischen Finanz- und Wirtschaftsministeriums bereits entsprochen worden.

44 Ebd., S. 181 f.

45 StAF, F 202/1 Nr. 1974, S. 55–57.

46 StadtAF, D.Li. Nr. 250, Brief Berthold Veit an Finanzamt Freiburg vom 14.01.1939; Brief Berthold Veit an Badisches Finanz- und Wirtschaftsministerium vom 17.02.1939. (Beide Briefe musste er bereits mit dem Zwangsnamen unterzeichnen – Berthold Israel Veit.) Zur Unbedenklichkeitserklärung siehe auch Anm. 36.

47 Ebd., Brief Berthold Veit an das Finanzamt Freiburg vom 14.02.1939.

48 Ebd.

49 StAF, G 540/5 Nr. 4098, Schreiben Hilda Veit geb. Günzburger vom 30.11.1938.

50 Ebd., Beschluss vom 17.1.1939.

51 StAF, F 196/1 Nr. 4570, Erklärung Karl Veit vom 4.4.1957.

52 StadtAF D.Li. Nr. 250, Brief Berthold Veit an Freiburgs OB Hoffmann vom 15.10.1948, S. 2. Was Berthold Veit nicht erwähnt: Hilda und er mussten mit Pässen ausreisen, die mit dem „Judenstempel" gekennzeichnet waren (eingeführt am 5. Oktober 1938). Siehe online unter: https://de.wikipedia.org/wiki/Verordnung_%C3%BCber_Reisep%C3%A4sse_von_Juden (04.06.2024).

53 Am 22. und 23. Oktober 1940 wurden alle Juden aus Baden und der Saarpfalz, ca. 6500 Menschen, ausgenommen diejenigen, die in einer sogenannten Mischehe lebten oder als „Mischlinge" eingestuft waren, ohne jede Vorwarnung deportiert – in die nicht besetzte Zone Frankreichs, den sogenannten État Français. Es handelte sich um die erste Massendeportation deutscher Staatsbürger und sicher auch um einen Test, ob eine solche Maßnahme am helllichten Tage möglich sein würde. Die Züge mit den Deportierten wurden den Franzosen an der Demarkationslinie zwischen dem besetzten und nicht besetzten Teil Frankreichs, in Chalon-sur-Saône, übergeben. Die französische Regierung war vorher nicht informiert worden; sie leitete die badischen Züge in das bestehende Internierungslager Gurs weiter. Die Fahrt dauerte drei quälende Tage. Badens Gauleiter Robert Wagner (vgl. Anm. 16) brüstete sich, als Erster einen „judenreinen" Gau melden zu können. Siehe auch: https://de.wikipedia.org/wiki/Wagner-B%C3%BCrckel-Aktion (03.01.2024). Sowohl Simon Veit als auch Henriette Pickard starben an den entsetzlichen Bedingungen im Lager Gurs. Zu Henriette „Ninette" Pickard siehe auch:

https://juedisches-leben-in-emmendingen.de/personen/1203 (14.03.2024).

54 Günther, Karl: Simon Veit zum Gedenken, in: „S'Eige zeige", Jahrbuch des Landkreises Emmendingen für Kultur und Geschichte Nr. 21/2007, Emmendingen 2006, S. 116. Karl Günther war evangelischer Pfarrer in Emmendingen und der Sohn von Anna Günther geb. Haeberle, der langjährigen Sekretärin von Simon Veit und Freundin der Familie.

55 Befehl Himmlers vom 18.10.1941. Online unter: https://www.bpb.de/kurz-knapp/hintergrund-aktuell/235829/vor-75-jahren-ausreiseverbot-fuer-juden/ (23.04.2024).

56 Fritsche, Christiane: Mannheim „arisiert", in: Fritsche, Christiane / Paulmann, Johannes: „Arisierung" und „Wiedergutmachung" in deutschen Städten, Wien 2014, S. 156.

57 Günzburger/Matthiak (wie Anm. 5), S. 135 f.

58 Ebd., S. 128 f.

59 Ebd., S. 224.

60 Ebd., S. 98.

61 Ebd., S. 101 f.

62 Ebd., S. 99.

63 Ebd., S. 126. Karl Veit und Hilda Welte wollten nach katholischem Ritus heiraten.

64 Ebd., S. 134 f.

65 Ebd.

66 Ebd., S. 135.

67 Nikolai Graudan (geb. Liepāja 1896, gest. Moskau 1964), erster Solocellist der Berliner Philharmoniker. Musste als „Nichtarier" Deutschland 1935 verlassen, emigrierte nach London. Online unter: https://www.lexm.uni-hamburg.de/object/lexm_lexmperson_00001979 (02.02.2024).

68 Dieses Gesetz führte u. a. Quoten für „Nichtarier" sowie für

Frauen ein. Online unter: http://de.wikipedia.org/wiki/Gesetz_gegen_die_%C3%9Cberf%C3%BCllung_deutscher_Schulen_und_Hochschulen (16.05.2014).

69 Dümling, Albrecht: Die verschwundenen Musiker. Jüdische Flüchtlinge in Australien. Köln/Weimar/Wien 2011, S. 66.

70 Sir Walter Layton (1884–1966), renommierter Volkswirtschaftler und Publizist, Mitglied der Liberalen Partei. Er setzte sich für jüdische Flüchtlinge ein. Online unter: https://en.wikipedia.org/wiki/Walter_Layton,_1st_Baron_Layton (11.03.2024).

71 Dümling (wie Anm. 69), S. 198; zum Datum der Ankunft siehe ebd., S. 412.

72 Günzburger/Matthiak (wie Anm. 5), S. 210.

73 Dümling (wie Anm. 69), S. 405.

74 Die Jüdische Lehrerbildungsanstalt wurde 1938 liquidiert.

75 Online unter: https://de.wikipedia.org/wiki/J%C3%BCdische_M%C3%A4dchenschule_(Berlin) (03.02.2024).

76 Günzburger/Matthiak (wie Anm. 5), S. 227.

77 Ebd.

78 Ebd., S. 228.

79 Online unter: https://en.wikipedia.org/wiki/Jewish_refugees_from_German-occupied_Europe_in_the_United_Kingdom, (03.02.2024), hier Abschnitt: „Self-supporting".

80 Günzburger/Matthiak (wie Anm. 5), S. 231. Hilda Veit hatte versucht, ihren Töchtern das Kochen beizubringen, doch Emmi hatte kein Interesse an „häuslichen Pflichten": ebd., S. 225.

81 Englische Quäker stellten für ca. 6000 jüdische Flüchtlinge aus Deutschland eine Kaution. Online unter: https://en.wikipedia.org/wiki/Jewish_refugees_from_German-occupied_Europe_in_the_United_Kingdom, (03.02.2024), hier Abschnitt „Guarantees".

82 Günzburger/Matthiak (wie Anm. 5), S. 232 f. Zu diesen Internierungen siehe auch online unter: https://blog.nationalarchives.

gov.uk/collar-lot-britains-policy-internment-second-world-war/ (05.02.2024).

83 Günzburger/Matthiak (wie Anm. 5), S. 244. Auch Georg Veit und seine Frau Mary Maxwell Brown ließen ihre drei Töchter taufen (ebd.).

84 Ebd., S. 55.

85 Vgl. Anm. 70.

86 https://blog.nationalarchives.gov.uk/collar-lot-britains-policy-internment-second-world-war/ (05.02.2024) Seine Schwestern und deren Partner wurden in die Kategorie C eingestuft (keine Restriktionen). Ab Mai 1940 (drohende Invasion) konnten die Männer der Kategorien B und C jedoch auch interniert werden. Rudi Sabor, der Partner von Emmi Veit, wurde ebenfalls für sechs Monate interniert (vgl. Anm. 82).

87 Günzburger/Matthiak (wie Anm. 5), S. 58.

88 Ebd., S. 60.

89 Unter diesen befanden sich internierte Flüchtlinge, regimetreue Nazis, aber auch deutsche und italienische Kriegsgefangene sowie 400 Jugendliche, die per Kindertransport ins Land gelangt waren. Diese Deportationen waren aus Furcht vor einer deutschen Invasion angeordnet worden. Online unter: https://en.wikipedia.org/wiki/HMT_Dunera (05.02.2024). Der englischsprachige Eintrag ist weit detaillierter als der deutschsprachige.

90 Günzburger/Matthiak (wie Anm. 5), S. 45.

91 StadtAF D.Li. Nr. 250, Brief Berthold Veit an Freiburgs OB Hoffmann vom 16.09.1948, S. 2.

92 Online unter: https://de.wikipedia.org/wiki/Kontrollratsgesetz_Nr._1_betreffend_die_Aufhebung_von_NS-Recht (14.01.2024).

93 Das historische Baden (vgl. Anm. 3) war entlang der Autobahnstrecke Karlsruhe-Stuttgart (heute: A 8) aufgeteilt worden. Der Norden mit wichtigen Städten wie Karlsruhe (der ehemaligen

badischen Hauptstadt) sowie Mannheim und Heidelberg gehörte zur US-Zone. Zur französischen Zone gehörten Südbaden mit Freiburg, weiterhin Tübingen sowie Konstanz und die Region am Bodensee. Hieraus entstand 1947 das bis 1952 bestehende Bundesland Baden mit Freiburg als Hauptstadt, ein künstliches und wirtschaftlich sehr schwaches Gebilde.

94 Die Liegenschaft in der Eisenbahnstraße war 1939 an Otto Zorn verkauft worden (vgl. Anm. 41 und 42). Zorn hatte wohl die Bedingungen erfüllt, weshalb Berthold Veit in dieser Sache keine Ansprüche geltend machte. Zorn verkaufte die Liegenschaft – sicher zu einem angemessenen Preis – weiter; ab 1941 ist er im Amtlichen Einwohnerbuch der Stadt nicht mehr als Eigentümer gelistet, ab 1943 lautet der Eintrag: „Deutsches Reich, Finanzamt Freiburg i. Breisgau".

95 Diese Verordnung betraf die Rückgabe geraubter Vermögensobjekte und unterschied sich wesentlich von den Bestimmungen in der US-Zone. Günstige Konditionen gab es für die sogenannten loyalen Erwerber (Erwerber, die angeblich unwissentlich oder „gutwillig" jüdisches Eigentum erworben hatten). Erbenloses Vermögen – sprich: das Vermögen ausgelöschter Familien – wurde bis 1951 einem Fonds zugeführt, aus welchem Opfer des NS entschädigt wurden (in ihn wurde z. B. auch beschlagnahmtes Vermögen der NSDAP überwiesen). Der Fonds sollte das bettelarme Baden bei Zahlungen von „Wiedergutmachung" (z. B. für Lagerhaft, Nachzahlung von Renten, Rückzahlung der unzähligen Sondersteuern und -abgaben) auf Kosten der Täter entlasten. Dass „erbenloses jüdisches Vermögen" diesem Fonds zugeführt wurde, bedeutete, dass auch jüdisches Eigentum dazu benutzt werden konnte, jüdische Opfer auf Kosten der badischen Staatskasse zu entschädigen. War ein Rechtsgeschäft vor dem 14. Juni 1938 abgeschlossen (3. Verordnung zum

Reichsbürgergesetz), war es der Verkäufer, welcher den Beweis der Unrechtmäßigkeit erbringen musste.

96 Zuständig war die BLKV (Badische Landesstelle für Kontrollierte Vermögen) in Freiburg.

97 Vgl. Anm. 95.

98 StAF, F200/7 Nr. 841: Schreiben des Liegenschaftsamts Freiburg an die BLKV, 12.2.1949, S. 1 ff., v. a. S. 3.

99 Ebd., S. 4.

100 StAF, F 196/1 Nr. 4570,2, Schreiben von RA Luz Manny vom 14.12.1950, „Zur Vorgeschichte des Verkaufs der Liebigsäge", S. 7–9; vgl. auch Anm. 21.

101 Vgl. Anm. 18.

102 StAF, F 196/1 Nr. 4570, Vergleich vom 26.9.1951.

103 StadtAF, B5 (P) XIIIa Nr. 598, Ratsprotokolle 1951, nö. [nichtöffentlich, d. Verf.]. Bei den nichtöffentlichen Beratungen war die Presse nicht zugelassen.

104 Unter Goodwill versteht man den immateriellen Wert eines Unternehmens, z. B. den Kundenstamm und den Ruf. Zur Entschädigungspraxis in Sachen Goodwill siehe auch Brucher-Lembach (vgl. Anm. 6), S. 200. Dass Goodwill gezahlt wurde, war überaus selten.

105 StadtAF D.Li. Nr. 250, *Schwarzwälder Post* vom 3.12.1949. Die Namen der Pressevertreter sind im Protokoll vermerkt, für die *Schwarzwälder Post* der Name „Huber". – Die *Schwarzwälder Post* (eigentlich *Schwarzwälder Bote*; zwischen 1945 und 1950 musste der Name aufgrund von Bestimmungen der Siegermächte geändert werden) war eine Tageszeitung für den Schwarzwald und den oberen Neckarraum. 1950 betrug die Auflagenhöhe ca. 110 000. Online unter: https://de.wikipedia.org/wiki/Schwarzw%C3%A4lder_Bote#Gr%C3%BCndung_und_erste_Entwicklungen (15.04.2024).

106 Nathan Rosenberger (geb. 1874 in Nonnenweier, gest. 1953 in Freiburg), 1942 mit seiner Familie nach Theresienstadt deportiert. 1945 Rückkehr nach Freiburg. Bis zu seiner Deportation und ab Mai 1945 Vorsteher der israelitischen Gemeinde in Freiburg.

107 Wolrab, Julia: „Mit unermüdlichem Einsatz: Nathan Rosenberger und der Wiederaufbau der jüdischen Gemeinde Freiburg i. Breisgau nach 1945", in: *Medaon – Magazin für jüdisches Leben in Forschung und Bildung*, 14 (2020), 27, S. 2. Online unter: http://www.medaon.de/pdf/medaon_27_wolrab.pdf (10.05.2024).

108 Vgl. Anm. 40.

109 StadtAF D.Li. Nr. 250, Briefe von B. V. an das Finanzamt Freiburg vom 30.12.1938, 14.01.1939 sowie 17.02.1939. Die beiden letzten Briefe musste er mit dem ab 1939 geltenden Zwangsnamen „Israel" unterschreiben.

110 StAF, F 196/1 Nr. 4570,3. Schreiben vom 24.2.1943 sowie Bescheinigung des Finanzamts Freiburg vom 26.4.1944. Begründet wurde dies mit der 11. Verordnung zum Reichsbürgergesetz vom 25. November 1941. Die eingezogenen Vermögen sollten übrigens zur „Förderung aller mit der Lösung der Judenfrage im Zusammenhang stehenden Zwecke dienen". Diese Verordnung bedeutete darüber hinaus auch den Entzug der Staatsangehörigkeit. Online unter: https://de.wikipedia.org/wiki/Reichsb%C3%BCrgergesetz#Elfte_Verordnung_vom_25._November_1941 (23.04.2024).

111 StAF, F 200/1 Nr. 1971. Abschrift aus dem Grundbuch, Band 61, Blatt 23, Lagerbuch 82, Abteilung I: Vermerk vom 11.1.1944.

112 Bescheinigungen des Finanzamts Freiburg vom 26.04.1944 in: GA Freiburg, Band 348 Heft 4, Seiten 11–12.

113 StadtAF D.Li. Nr. 250, Brief Berthold Veit an Freiburgs OB Hoffmann vom 15.10.1948, S. 1.

114 StAF, F 200/7 Nr. 1711, Schreiben Berthold Veit vom 29.10.1949. Das Schreiben von Eugen Groß befindet sich nicht in diesem Bestand.

115 StAF, F 200/7 Nr. 1711, Badisches Ministerium für Finanzen/Vermögenskontrolle und Wiedergutmachung, am 9.11.1951: Mündliche Erklärung von Berthold Veit, der sich vorübergehend in Deutschland befand.

116 Ebd., Entscheidung des Badischen Landgerichts, Restitutionskammer, vom 19.10.1950.

117 Vgl. Anm. 95 zur VO Nr. 120.

118 StAF, F 202/1 Nr. 1974, Schreiben Berthold Veit vom 12.1.1952 an das Badische Ministerium für Finanzen/Vermögenskontrolle und Wiedergutmachung, S. 3 f.

119 StadtAF D.Li. Nr. 250, Brief Berthold Veit an den Freiburger OB Hoffmann vom 16.09.1948, S. 1.

120 Günzburger/Matthiak (wie Anm. 5), S. 133.

121 Ebd., S. 213.

122 Lotte Paepcke geb. Mayer, geb. 1910 in Freiburg, gest. 2000 in Karlsruhe. Journalistin und Schriftstellerin. Überlebte in einer sogenannten privilegierten Mischehe. Zwangsarbeit, 1942–1944 illegal in Freiburg, ab 1944 versteckt im Kloster Stegen. Ihr Ehemann, Dr. Ernst Paepcke, war als „jüdisch versippt“ zur Organisation Todt eingezogen worden.

123 SWR Archiv: Martin Doerry im Gespräch mit der Schriftstellerin Lotte Paepcke. 4.12.1985, Südwestfunk (Audiodatei). Zitiert nach: Hack-Molitor, Gisela: Lotte Paepcke. „Es wurde nicht wieder gut.“ Als Jüdin in Nachkriegsdeutschland. Freiburg 2023, S. 36.

Abbildungsnachweise

Umschlag vorn: Günzburger, Bert / Matthiak, Lothar (Hg.): Familie Veit/The Veit Family. Berlin. 2017, S. 162. Online in der digitalen Bibliothek des Leo-Baeck-Instituts in New York unter: http://digital.cjh.org./4566404 (18.02.2024)

Abb. 1: Günzburger/Matthiak, S. 159

Abb. 2: Günzburger/Matthiak, S. 35

Abb. 3: Stadtarchiv Freiburg M 70-201-16, Nr. 48: Eisenbahnstraße 68

Abb. 4: Günzburger/Matthiak, S. 162

Abb. 5: Günzburger/Matthiak, S. 157

Abb. 6: Günzburger/Matthiak, S. 36

Abb. 7: Stadtarchiv Freiburg M 7992-6: Hissung der Hakenkreuzfahne auf dem Freiburger Rathaus am 06.03.1933

Abb. 8: Kalchthaler, Peter/Neisen, Robert/von Stockhausen, Tilman (Hg.): Nationalsozialismus in Freiburg. Begleitbuch zur Ausstellung des Augustinermuseums in Kooperation mit dem Stadtarchiv. Petersberg 2016, S. 81, Ausschnitt. Mitte: Günther Sacksofsky, Leiter der Freiburger Polizeidirektion

Abb. 9: Foto: Sabine Herrle

Abb. 10: Arolsen Archives, Bad Arolsen, 1.1.6.7/10773672 Schreibstubenkarte KZ Dachau

Abb. 11: Mémorial de la Shoah MCC_276a¬3_, zit. nach: https://www.gurs1940.de/de/ausstellung/internierungsorte/gurs#/, Lager Gurs 1942, Fotograf/Fotografin unbekannt

Abb. 12 u. 13: Günther, Karl: Simon Veit zum Gedenken, in: „S'Eige zeige", Jahrbuch des Landkreises Emmendingen für Kultur und Geschichte Nr. 21/2007, Emmendingen 2006, S. 118

Abb. 14 u. 15: Günzburger/Matthiak, S. 130

Abb. 16: Günzburger/Matthiak, S. 101
Abb. 17: Günzburger/Matthiak, S. 131
Abb. 18: Günzburger/Matthiak, S. 161
Abb. 19: Günzburger/Matthiak, S. 197
Abb. 20: Günzburger/Matthiak, S. 195
Abb. 21: Günzburger/Matthiak, S. 215
Abb. 22: Günzburger/Matthiak, S. 223
Abb. 23: Günzburger/Matthiak, S. 240
Abb. 24: Günzburger/Matthiak, S. 79
Abb. 25: National Archives of Australia, A 11666, https://digital-classroom.nma.gov.au/images/hmt-dunera-melbourne-1940 (28.05.2024)
Abb. 26: Günzburger/Matthiak, S. 81
Abb. 27: Stadtarchiv Freiburg StadtAF D.Li. Nr. 250
Abb. 28: Günzburger/Matthiak, S. 164

Über die Autorin

Sabine Herrle
geboren 1956, studierte in Freiburg Geschichte und Anglistik und arbeitete anschließend als Lehrerin. Seit ihrem Ruhestand erforscht sie das Schicksal jüdischer Familien aus ihrer Region.